KINZAI バリュー 叢書 L

Q&A 人権DD

浜田 宰　　定金史朗 [編著]
HAMADA OSAMU　SADAKANE SHIROU

金光祐希　諏訪貴紘　上村早紀子 [著]
KANEMITSU YUKI　SUWA TAKAHIRO　KAMIMURA SAKIKO

JN015517

一般社団法人 金融財政事情研究会

はじめに

　人権デュー・ディリジェンス（以下「人権DD」といいます）の重要性は、近時高まっています。

　企業活動のグローバル化の進展に伴い、企業活動が人権に及ぼす負の影響が拡大し、企業の責任に関する国際的な議論が高まっています。2011年に、国連人権理事会において、「ビジネスと人権に関する指導原則：国際連合「保護、尊重及び救済」枠組実施のために」（以下「国連指導原則」といいます）が採択されました。これを契機として、先進諸国を中心に、人権DDを義務付ける法整備が進んでいます。EUでは、2022年に、コーポレート・サステナビリティ・デューディリジェンス指令案が公表されました。今後、同指令案が最終化された後は、加盟国の国内法が整備され、EU域内での売上高が1.5億ユーロを超える企業に対して、人権DDの実施が罰則等をもって義務付けられる見込みです。

　海外で事業活動を行っていない日本企業も、人権DDとは無縁ではいられません。グローバルに活動している企業を最終顧客として、直接又は間接に取引をしている場合には、その最終顧客企業が人権DDを実施することに伴い、サプライチェーンに組み込まれている日本企業においても、人権DDへの対応が取引上求められるようになると考えられます。

　早期に人権DDへ対応することは、日本企業の喫緊の課題となりつつあります。

本書は、こうした状況に鑑み、人権DDについて、Q&A形式でできる限り分かりやすく解説することを目的としています。

　第1章では人権DDの概要を、国連指導原則やOECDガイダンス等を幅広く紹介しながらその意義・目的、対象、留意事項を含めて解説します。

　第2章では、「人権方針の策定」「特定・評価」「防止・軽減」「追跡調査」「是正（救済）」の各実施ステップに分けて留意事項を解説します。

　第3章では、米国、EU、英国、ドイツ、フランスなどの主要国における人権DDに関する法制度の概要を解説します。

　日本企業において、人権DDの実施を検討されている方々や、人権DDを既に開始しており、近時の動向を踏まえて自社の取組が適切であるかを検証したいと考えている方々、さらにはNGOや教育関係者など、人権DDに関わるステークホルダーの方々に、手元ですぐ閲覧・確認できる資料として本書を役立てていただければ幸いです。なお、本書のうち意見にわたる部分は筆者らの私見であり、筆者らが現に所属し、又は過去に所属していた組織又は団体の見解を表すものではありません。

　本書の刊行に際しては、株式会社きんざいの野村新氏に、多大なご協力を頂きました。同氏ときんざいの皆様に、この場を借りて厚く御礼を申し上げます。

　2023年3月　　　　　　　　　著者を代表して

　　　　　　　　　　　　　　　浜田　宰・定金史朗

凡　例

ウイグル強制労働防止法	中華人民共和国新疆ウイグル自治区で強制労働によって作られた商品が米国市場に入らないようにするための法律 (An Act To ensure that goods made with forced labor in the Xinjiang Uyghur Autonomous Region of the People's Republic of China do not enter the United States market, and for other purposes (Pub.L.117−78))
英国現代奴隷法	2015年現代奴隷法 (Modern Slavery Act 2015)
カリフォルニア州サプライチェーン透明法	カリフォルニア州サプライチェーン透明法 (The California Transparency in Supply Chains Act of 2010)
経産省指針	経済産業省「責任あるサプライチェーンにおける人権尊重のためのガイドライン」(2022年9月)
国連指導原則	「ビジネスと人権に関する指導原則：国際連合「保護、尊重及び救済」枠組実施のために」(2011年3月)
国連指導原則報告フレームワーク	人権報告と保証のフレームワーク・イニシアチブ「国連指導原則報告フレームワーク」(Reporting and Assurance Frameworks Initiative, UN Guiding Principles Reporting Framework with implementation guidance) (2015年2月公表)
ドイツサプライチェーンDD法	サプライチェーン・デューディリジェンス法 (Lieferkettensorgfaltspflichtengesetz)
日弁連手引	日本弁護士連合会「人権デュー・ディリジェンスのためのガイダンス (手引)」(2015年1月)
フランス注意義務法	親会社及び発注会社における注意義務に関する法律 (No. 2017−399 of 27 March 2017, the duty of vigilance of parent companies and

	contracting companies)
CSDD指令案	欧州連合「Proposal for a DIRECTIVE OF THE EUROPEAN PARLIAMENT AND OF THE COUNCIL on Corporate Sustainability Due Diligence and amending Directive (EU) 2019/1937」（2022年2月23日）
OECDガイダンス（全般）	OECD「責任ある企業行動のためのOECD デュー・ディリジェンス・ガイダンス」（2018 年）
OECDガイダンス（衣類・履物）	経済産業省「OECD衣類・履物セクターにおける責任あるサプライチェーンのためのデュー・ディリジェンス・ガイダンス（仮訳）」（2021年）
OECDガイダンス（農業）	OECD「責任ある農業サプライチェーンのためのOECD-FAOガイダンス」（2016年）
OECDガイダンス（紛争鉱物）	OECD「紛争地域及び高リスク地域からの鉱物の責任あるサプライチェーンのためのデュー・ディリジェンス・ガイダンス（仮訳）」（2011年）
1930年関税法	1930年関税法（The Tariff Act of 1930 (United States Code, Title 19, Chapter4§1307)）

【編著者略歴】

●編著者●

浜田　宰（はまだ　おさむ）／第1章、第2章第5、第3章第5担当

2008年弁護士登録（2016年再登録）、2016年ニューヨーク州弁護士登録、2007年公認会計士登録（2022年再登録）。2007年早稲田大学大学院法務研究科修了、2014年The University of Chicago Law School修了（LL.M.）。

2014年9月より2016年3月まで、金融庁総務企画局（当時）企業開示課にて専門官として執務し、コーポレートガバナンス・コードの策定や開示府令の改正等を担当。2020年3月より2022年3月まで、金融庁企画市場局企業開示課にて、企業統治改革推進管理官として、コーポレートガバナンス・コードの再改訂や公開買付制度・大量保有報告制度等を担当。M&A、コーポレート・ガバナンス、サステナビリティ、不祥事対応をはじめ、企業法務全般を取り扱う。

主な著作として、『コーポレートガバナンス・コードの解説』（商事法務、2022年）、『統合報告で伝える価値創造ストーリー』（商事法務、共編著、2019年）等。

定金　史朗（さだかね　しろう）／第2章第4・第6、第3章第3・第4担当

2008年弁護士登録、2018年ニューヨーク州弁護士登録。2006年京都大学大学院法学研究科修了、2014年The University of Virginia School of Law修了（LL.M.）。

2014年より2016年まで、東南アジアの現地事務所で研修。国内外の企業再編、M&A等に関する助言その他一般企業法務を幅広く取り扱う。また「ビジネスと人権」に関する企業への助言・サポートに積極的に取り組んでおり、製造業、縫製業を中心に、人権デュー・ディリジェンス推進に係るリーガルアドバイザリー業務に従事している。

主な著作として、「カンボジアビジネス法入門（全10回）」（『JCAジャーナル』日本商事仲裁協会、2015～2018年）、「国際コンプライアンスの研究（第二回－人権デューディリジェンスへの対応）」（『国際商事法務』2017年5月号、国際商事法研究所）。

●著　者●

金光　祐希（かねみつ　ゆうき）／第2章第1、第3章第1・第2担当

2012年弁護士登録（2022年再登録）。2011年京都大学法科大学院修了、2020年UC Berkeley LL.M.修了（LL.M.）。

2013年より2019年まで、弁護士として執務。2020年より、Boston Consulting Groupにて、ビジネスコンサルタントとして、経営戦略の策定、PMOなどを担当。2022年に弁護士としての活動を再開。M&A、投資、スタートアップ法務をはじめ、企業法務全般を取り扱う。

諏訪　貴紘（すわ　たかひろ）／第2章第3担当

2017年弁護士登録。2016年一橋大学法科大学院修了。

企業間の紛争・訴訟案件を中心に、企業法務全般を幅広く取り扱う。一般企業法務としては、契約書作成・レビューや、株主総会対策の指導等を行う。また、信託等を利用した相続対策や、一般民事事件の処理への対応も行う。

主な著作として、「各国の個人情報保護法制の概要」（『月刊グローバル経営』2022年1/2月合併号、日本在外企業協会、共著）、「コロナ禍における海外不正対応と監査」（『NBL』1191（2021.4.1）号、商事法務、共著）、「新型コロナ対応を踏まえた金融機関の危機管理・緊急時対応」（『銀行法務21』2020年9月号増刊号、経済法令研究会、共著）等。

上村　早紀子（かみむら　さきこ）／第2章第2担当

2020年弁護士登録。2019年慶應義塾大学大学院法務研究科修了。危機管理、紛争、M&A、個人情報保護に関する助言等の企業法務全般を幅広く取り扱う。特に、危機管理については、社内調査・外部調査による法的分析やコンプライアンス等に関する助言を提供している。

目　次

人権DDの概要

Question

人権DDとは何ですか。

Answer

　人権DDとは、企業が、自らの人権尊重責任を果たすための
取組の一環として、自社・グループ会社及びサプライヤー等に
おける人権への影響を特定、防止、軽減、対処していく継続的
なプロセスをいいます。また、より広義には、人権を尊重する
責任を果たすという方針によるコミットメントや、企業が引き
起こし、又は助長する人権への負の影響からの是正を可能とす
るプロセスをも含みます（国連指導原則15）。

　国連指導原則は、その一般原則において企業の人権尊重責任
をうたっており、全ての企業に対して、その規模、業種、事業
の拠点、所有形態及び組織構成にかかわらず、当該企業に適用
されるべき全ての法令を遵守し、人権を尊重するよう求めてい
ます。その一環として、企業には、自らの活動を通じて人権に
負の影響を引き起こしたり、助長したりすることを回避し、そ
のような影響が生じた場合にはこれに対処することが求められ
ます（国連指導原則13a）。また、他の当事者との取引関係に
よって企業の事業、製品又はサービスと直接的につながってい
る人権への負の影響への対処の努力も求められています（国連
指導原則13b）。ここでいう「取引関係」には、取引先企業、バ
リューチェーン上の組織、及び企業の事業、製品又はサービス
と直接関係のある非国家又は国家組織を含むとされています
（国連指導原則13解説）。

　そのため、企業が、自社の従業員や顧客の人権を侵害してい

ないとしても、それのみをもって人権DDを行う必要がなくなるわけではありません。人権DDの一環として、自社の取引先において人権に負の影響が生じていないかを特定・評価することや、発見された負の影響に対して防止・軽減の働き掛けを行うこと等が、企業には求められています。

人権DDはなぜ重視されているのですか。

企業活動のグローバル化の進展に伴い、企業活動が人権に及ぼす負の影響が拡大し、企業の責任に関する国際的な議論が高まっています。そうした中で、2011年の国連指導原則の採択を契機として、先進諸国を中心に、人権DDを義務付ける法整備が進んでいます。一定規模以上の会社にとっては、罰則を伴って対応が強制されるに至っています。

　また、グローバルなサプライチェーンに含まれる会社においては、その顧客が人権DDを行う義務を負うことに伴い、顧客から人権DDを行うよう要請されるケースが増えています。顧客との取引基本契約の内容によっては、自社の取引先における人権への負の影響に何らの対処もしていない場合には、その不作為を原因として取引の終了等につながる可能性もあります。

　さらには、ステークホルダーとの関係を考慮して、ESG対応の一環として人権DDに取り組むケースも増えています。自社の活動に関連する人権への負の影響を放置していると、自社のレピュテーションへの影響や、不買運動等の発生などにより、

自社の事業活動にも影響を及ぼしかねません。人権DDを実施することで、こうした影響を防止・軽減するとともに、人権・労働等の社会的課題への関心が高い消費者や市場関係者等に対して、自社の差別化を図ることが期待できます。

人権DDとは、何をすることなのですか。

　経産省指針は、人権DDを、企業が、自社・グループ会社及びサプライヤー等における人権への負の影響を特定し、防止・軽減し、取組の実効性を評価し、どのように対処したかについて説明・情報開示していくために実施する一連の行為を指すとしています（指針7頁）。このプロセスは、第2章第2から第5で後述する、「特定・評価」「防止・軽減」「追跡調査」「説明・開示」の4つのステップにそれぞれ対応しています。

　また、経産省指針は、企業による人権尊重の取組として、人権DDの他に、人権尊重責任に対するコミットメントの表明と、負の影響への対応が、それぞれ含まれるとしており、さらに、これらの各過程においてステークホルダーとの対話が行われるとしています（指針7頁）。

【図表】

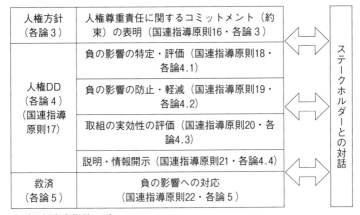

人権方針 (各論3)	人権尊重責任に関するコミットメント(約束)の表明(国連指導原則16・各論3)	ステークホルダーとの対話
人権DD (各論4) (国連指導原則17)	負の影響の特定・評価(国連指導原則18・各論4.1)	
	負の影響の防止・軽減(国連指導原則19・各論4.2)	
	取組の実効性の評価(国連指導原則20・各論4.3)	
	説明・情報開示(国連指導原則21・各論4.4)	
救済 (各論5)	負の影響への対応 (国連指導原則22・各論5)	

出所:経産省指針7頁

　これに対して、OECDガイダンス(全般)は、人権DDのプロセス、及びこれを支える手段として、以下の6つのステップを挙げています。これらは、基本的には、経産省指針が示している4つのステップと、その前後に位置付けられている「人権方針(人権尊重責任に対するコミットメントの表明)」及び「救済(負の影響への対応)」に、それぞれ対応するものと考えられます。これらの6つのプロセスの具体的な内容については、第2章の第1から第6をそれぞれ参照ください。

【図表】

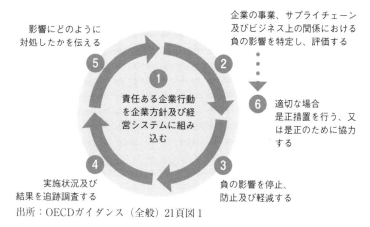

影響にどのように
対処したかを伝える

企業の事業、サプライチェーン
及びビジネス上の関係における
負の影響を特定し、評価する

⑤

②

① 責任ある企業行動
を企業方針及び経
営システムに組み
込む

⑥ 適切な場合
是正措置を行う、又
は是正のために協力
する

④

③

実施状況及び
結果を追跡調査する

負の影響を停止、
防止及び軽減する

出所：OECDガイダンス（全般）21頁図1

Q4

Question

人権DDのこれまでの経緯を教えてください。

A

Answer

　人権DDが重視されるに至った経緯としては、企業活動の大
規模化とグローバル化が進み、企業活動による人権侵害が増加
する中で、企業に対して人権の尊重へ向けた取組を求める動き
が進んできたことが挙げられます。

　このような動きのうち主なものを挙げると、まず、1999年
に、「国連グローバルコンパクト」が提唱され、「人権」「労働」
「環境」「腐敗防止」の分野において企業に対して取組が求めら
れました。

　その後、2005年に、ハーバード大学のジョン・ラギー教授
が「人権と多国籍企業」に関する国連事務総長特別代表に任命
されました。ラギー特別代表は、2008年、第8回人権理事会

に「保護、尊重及び救済の枠組み」を提出した後、この枠組み
を運用するため、国連指導原則を策定しました。同原則は、
2011年、国際連合の第17回人権理事会において全会一致で採
択されました。国連指導原則は、3つの一般原則として、国家
の人権保護義務、企業の人権尊重責任、及び実効的な救済への
アクセスを掲げています。そして、企業に対して、人権尊重の
ための取組の一環として、人権DDの実施を求めています。国
連指導原則は、それ自体法的拘束力を持たないいわゆるソフト
ローですが、ビジネスと人権に関する国際基準を示すものとし
て、今日においても企業活動に多大な影響を与えています。

　その後、2013年には、バングラデシュにおいてラナ・プラ
ザ崩落事故が発生し、ビルに入居していた縫製工場の労働者な
ど1,134人が死亡しました。この事件を契機として、サプラ
イチェーンにおける労働環境の改善の重要性に対する社会的な
関心が更に高まりました。2014年には、国連人権理事会で採
択された関連決議において、各国政府に対して、ビジネスと人
権に関する行動計画の策定が奨励されました。この行動計画を
策定済みの国は、2022年9月時点で26か国に上ります。

　こうした国際連合での取組を受けて、各国において、人権
DDの取組状況を開示させたり、人権DDへの取組を義務付け
たりする法制化も進んでいます。主な例を挙げると、次の表の
とおりです。

成立年	国・地域	法律名（略称）
2012年	米国カリフォルニア州	カリフォルニア州サプライチェーン透明法
2015年	英国	英国現代奴隷法
2017年	フランス	フランス注意義務法
2018年	オーストラリア	現代奴隷法
2019年	オランダ	児童労働デュー・ディリジェンス法
2021年	ノルウェー	透明化法
2022年	EU	CSDD指令案
2022年	ドイツ	ドイツサプライチェーンＤＤ法
2022年	米国	ウイグル強制労働防止法

　日本では、2020年10月に、ビジネスと人権に関する行動計画に係る関係省庁連絡会議により、「ビジネスと人権」に関する行動計画（2020-2025）が策定・公表されました。この行動計画は、国連指導原則の着実な履行の確保を目指すものとして位置付けられており、国連指導原則の３つの柱にそれぞれ対応する取組として、人権を保護する国家の義務に関する取組、人権を尊重する企業の責任を促すための政府による取組、救済へのアクセスに関する取組を挙げています。そのうち、企業の責任を促すための政府による取組のうちに、サプライチェーンにおけるものを含む人権DDに関する啓発を実施していくとの方針が示されています。

　2021年におけるコーポレートガバナンス・コードの改訂では、補充原則２－３①において、サステナビリティをめぐる課題のうちに人権の尊重が含まれることが明示されています。

　2022年８月には、経済産業省から経産省指針が公表されま

した。これは、国連指導原則等の国際的なスタンダードを踏まえ、企業に求められる人権尊重の取組について、日本で事業活動を行う企業の実態に即して、具体的にかつ分かりやすく解説し、企業の理解の深化を助け、その取組を促進することを目的とするものです。

Q5
Question 人権DDを行うことで、企業においてはどのようなメリットが期待できますか。

A
Answer 人権DDを行うことの企業にとっての主なメリットとしては、まず、人権侵害を理由とした不買運動や取引の打切り等の経営リスクを抑制できるという点が挙げられます。また、海外で人権DDの法整備が進む中で、これらの法令遵守に対応するといった側面も存在します。さらには、人権DDへの取組で先行し、ブランドイメージの向上や企業の信用の確保・向上につなげることで、人権DDを既に実施している顧客からの取引の拡大や、競合他社との差別化を図ることも期待できます。

----

❶ 経営リスクの軽減

　OECDガイダンス（全般）は、人権DDによって、企業が負の影響を予測、防止又は軽減させることができると指摘しています。また、その結果として、コスト削減の機会の特定、市場

及び戦略的供給源についての理解向上、自社特有の事業リスク及び操業上のリスクに対する管理の強化、多国籍企業行動指針で扱われている事項に関連する事故の発生率の低下、構造的リスクに晒されることの低下等の効果が期待できるとしています（OECDガイダンス（全般）16頁）。この他にも、操業の成果と効率の均一性の向上や、サプライチェーンの混乱の減少も期待できるとしています（OECDガイダンス（衣類・履物）16頁）。経産省指針も、人権DDによる経営リスクの軽減が期待できる領域として、人権侵害を理由とした製品・サービスの不買運動、投資先としての評価の降格、投資候補先からの除外・投資引揚げの検討対象化等のリスクの抑制を挙げています（同4頁）。

2 法令遵守対応

　現在、欧米諸国を中心に、人権尊重へ向けた取組を企業に義務付ける法令の制定が進んでいます（Q4）。これらの法令の多くは、制定国で一定の規模の事業を展開していれば、制定国以外の国で設立された企業であっても、人権尊重へ向けた取組の義務付けの対象に含まれるとしています（第3章）。海外展開の進んでいる日本企業においては、法令遵守対応として、人権DDを行うことが必要となる場合も多いと思われます。

3 取引先からの要請への対応

　人権DDに関する法整備が欧米諸国を中心に進む中で、グ

ローバルに事業を展開する企業の多くは、人権DDの実施を法令上求められるようになっています。こうした企業が、自社の人権DDの取組の一環として、自らの取引先に対して、人権の尊重へ向けた取組を実施することを要請したり、取引基本契約に人権尊重へ向けた取組の実施義務を盛り込むことを提案したりする例が増えています。そのため、グローバルなサプライチェーンに組み込まれている企業は、自社が人権DDを義務付ける法令の適用を直接には受けなくても、適用を受ける企業からの要請を通じて、人権尊重の取組を進めることが必要となり得ます。さらに、人権DDを実施しているかを取引開始時の調査項目に含めている企業を、新規取引先として開拓しようとする際にも、人権DDの実施は重要となり得ます。

④ ブランドイメージの拡大、企業の信用の確保

　OECDガイダンス（全般）は、人権尊重の取組の実施は、企業による社会に対する積極的な貢献の最大化や、ステークホルダーとの関係の向上、そして企業の信用の確保につながると指摘しています（同16頁）。経産省指針は、人権尊重の取組を実施し適切に開示していくことで、企業のブランドイメージの向上や、投資先としての評価の向上、取引先との関係性の向上、新規取引先の開拓、優秀な人材の獲得・定着等につながり、国内外における競争力や企業価値の向上が期待できると指摘しています（同4頁）。このように、人権尊重に向けた取組は、ブランドイメージの拡大や企業の信用の確保といった点で、企業

にとってメリットとなるといえます。

　また、博報堂が2021年に行った調査によれば、「社会問題に積極的に取り組む企業に就職・転職する（したい）」人は、男性10-20代・女性10代で約４割に上るとのことです（生活者のサステナブル購買行動調査2021）。このように、若年層を中心に、企業の社会課題への貢献度を意識して就職先・転職先を選択する傾向が見られることに照らせば、人権DDを通じて人権への負の影響の防止・軽減を図ることは、企業の人材確保にも正の影響を与えると考えられます。

Q6
Question
　　　　　人権DDは、M&Aの際に行われるDDと、どのように異なるのですか。

A
Answer
　人権DDとは、企業が、自らの人権尊重責任を果たすための取組の一環として、自社・グループ会社にとどまらず、自社のサプライチェーン全体における人権への負の影響を特定し、防止し、軽減し、対処していく継続的なプロセスをいいます。また、より広義には、人権を尊重する責任を果たすという方針によるコミットメントや、企業が引き起こし、又は助長する人権への負の影響からの是正を可能とするプロセスをも含みます（Q1）。人権DDの実施のプロセスは、国連指導原則やOECDガイダンス（全般）等によって大枠が示されており（Q3）、その不実施を罰則等の対象としている国も存在します（Q4）。

　これに対して、M&A取引の際に行われるDDは、M&A取引

の実施に先立って、その取引の意思決定に影響を及ぼすような問題の有無・内容を調査するものです。典型的な例としては、対象企業の買収を検討している者（買主）が、買収に先立って、対象会社の問題点を調査・検討する手続が挙げられます。このDDを通じて得られた情報は、買収の是非の判断、買収価格・契約条件の検討・交渉、そして買収後における対象企業の経営方針の検討等に当たって活用されます。M&A取引においては、DDを実施するのか、及びDDの範囲（財務・税務・法務・人事・IT・ビジネス・知財等）は、基本的に買収者の判断に委ねられています。買収に際して十分な調査を尽くさなければ、買収者の役員は民事上の善管注意義務を問われる可能性がありますが、DDの実施自体が法令により義務付けられているわけでは必ずしもありません。

　なお、M&Aの際には行われるDDの一環として、対象企業における人権尊重の取組の有無・内容を調査することがあります。その意味で、M&Aの際に行われるDDと人権DDは重複する場合があります。

Q7
Question

人権DDの対象となる人権とは、どのようなものですか。どのような種類があるのですか。

A
Answer

　人権とは、全ての人々が生命と自由を確保し、幸福を追求する権利であって、人間が人間らしく生きる権利であるとともに、生まれながらに持つ権利をいいます（経産省指針1頁）。

国連指導原則は、企業に対して、どこで事業を行うにしても適用されるべき法を全て遵守し、国際的に認められた人権を尊重するよう要請しています（原則12、原則18解説、原則23）。企業が活動する国ないし地域において適用される関連法令を遵守すべきことは当然ですが、国連指導原則は企業が人権に関する国際的な行動規範をも尊重すべきことを求めており、人権DDにおいても「国際的に認められた人権」がその対象に含まれます。

　この「国際的に認められた人権」のうち主なものとしては、国際人権章典（世界人権宣言、及びこれを条約化した主要文書である市民的及び政治的権利に関する国際規約並びに経済的、社会的及び文化的権利に関する国際規約）や、労働における基本的原則及び権利に関する宣言に挙げられたILO中核8条約上の基本権に関する原則が挙げられています（国連指導原則18解説）。また、企業は、特別な配慮を必要とする特定の集団や民族に属する個人の人権に影響を与える場合など、個別の状況に応じて、追加的な基準を考えるべき場合があるとされています（国連指導原則12解説）。

　このように、幅広い人権が対象とされている理由については、企業が実質的にこれらの権利の全ての領域に影響を与える可能性があるからであると説明されています。その例として、公正な裁判を受ける権利のような国家に対する権利であっても、企業が証拠隠しや証人への干渉を行った場合などには、企業の活動がこれらの人権へ負の影響を与える可能性があると説明されています（国際連合人権高等弁務官事務所「人権尊重につ

いての企業の責任─解釈の手引き─」問5）。

　国連指導原則報告フレームワークの付属文書Aでは、国際的に認められた人権の具体例とその概要、人権への影響に企業が関与する場合の事例が具体的かつ網羅的に示されており、実務上参考となります。

Q8
Question

人権DDは「国際的に認められた人権」を基準にするということですが、現地において対応する国内法令が存在しない場合の行動基準は、どのように考えればよいでしょうか。

A
Answer

　国際的に認められた人権に対応する国内法令が現地に存在しない場合には、企業は国際的に認められた人権の水準に沿って行動すべきです。

　人権の保護に関する法制度の整備・運用状況は国によって様々であり、各国の現地法令を遵守しているからといって、人権尊重責任を十分に果たすことができているとは限りません。その意味において、法令遵守の責任と人権尊重責任は、必ずしも同一ではありません。この点について、国連指導原則は、「企業が人権を尊重する責任は、関連する法域において国内法の規定により主に定義されている法的責任や執行の問題とは区別される」と指摘しています（原則12解説）。

　このような場合について、国連指導原則は、どこで事業を行うとしても、適用されるべき法を全て遵守し、国際的に認めら

れた人権を尊重すべきであり、相反する要求に直面した場合で
も国際的に認められた人権を尊重する方法を追求すべきとして
います（原則23）。

　具体的には、現地法令やその執行状況が国際的に認められた
人権の水準を実現していない場合、企業は、国際的に認められ
た人権の水準を可能な限り尊重して行動すべきです。他方で、
現地法令が国際的に認められた人権の水準よりも高い基準を設
定している場合、企業は現地法令を優先すべきです（経産省指
針8頁、OECDガイダンス（衣類・履物）98頁）。

人権DDを行うに当たり、社内的にどのような体制・取組とすべきですか。

人権DDを進める上では、全社的に一貫した対応を進めるこ
とができるよう、企業の経営陣が、その取組についてコミット
メントを行うとともに、そのコミットメントを企業の最上級レ
ベルで承認し、企業トップから全ての部門に至るまで定着する
ようにすべきです（国連指導原則16、経産省指針12頁）。

　人権DDの取組は企業活動全般に関連するため、多数の部門
における取組を、互いに整合的な形で進める必要があります。
例えば、自社の取引先における人権DDへの取組の実施状況の
調査や、自社の取引先との契約への人権方針の組込みを進める
には、調達部門の関与が不可欠です。自社の製造部門における
労働安全衛生の確保や、地域社会の環境等への影響の軽減を図

る上では、製造部門や人事労務部門の関与を得る必要があります。営業部門は、これらの取組について顧客の理解を得る上で主体的な役割を担う必要があります。法務部門は、これらの活動が法令遵守や顧客からの契約上の要請にかなうものとなっているかを検証し、また、顧客・取引先との契約の見直しに関与する必要があります。内部監査部門は、通常の業務監査の実施に際して人権という観点を盛り込むことで、自社グループ内における人権リスクの特定等の役割を担うことが期待されます。広報やIR部門は、人権DDの説明・開示において重要な役割を果たします。CSR推進部には、これら人権に関連する各部門間の調整役・取りまとめ役が期待されます。

　このように、多数の部門にまたがって人権DDを進める上では、企業の経営陣が、その取組についてコミットメントを行うことで、全社的に一貫し整合性のとれた取組が行われることを確保する必要があると考えられます。

　人権DDを全社的に検討・推進するための社内体制としては、例えば、取締役会の下又は経営陣の側に、サステナビリティに関する委員会を設置することなども選択肢として考えられます（投資家と企業の対話ガイドライン１－３）。

Q10 人権DDを行うに当たり、他社と協力することは有益でしょうか。

人権DDを行うに当たり、他社と協力することは、有益とな

り得ます。

　人権DDにおいて、多段階にわたる自社の取引先に対して人権に対する負の影響への対応を求める場合には、直接の一次取引先に対して、その先のサプライチェーンにおける人権尊重の取組の全てを委ねるのではなく、共に協力して人権尊重に取り組むことが重要となり得ます。そうした例として、経産省指針は、以下のような取組を例示しています（同12頁）。

・人権尊重に向けた取組の優良事例を共有するための自社・グループ会社向けワークショップにサプライヤーも招待する。

・取引先と定期的に取組を強化すべき人権課題等についての意見交換会を開催し、両者の間に共通理解を形成した上で、それぞれの企業における人権尊重の取組に活用する。

・国際スタンダードに基づく人権尊重の取組を実施してきたことを踏まえ、その取組が十分に行えていない取引先に対して、その参考になる取組方法や取組の好事例を紹介する。

　また、OECDガイダンス（全般）は、人権DDのプロセスの全体にわたり、業界レベル又はセクター横断型の協働及び関係するステークホルダーとの協働を行うことができると述べた上で、協働のメリットとして、セクターにおけるリスクと解決策に関する知識の共有蓄積、ビジネス上の関係先に対する影響力

の強化、デュー・ディリジェンスの効率の向上、費用の分担及び節減といった点を挙げています（同19頁、52頁）。

　また、各事業者が、サプライヤーの査定について類似・重複する取組を行うと、サプライヤーに過重な負担を生じさせる可能性があります。こうした負担を軽減する観点からは、事業者間で査定方法について認識を共有することが有力な選択肢となり得ます（OECDガイダンス（衣類・履物）24頁）。

　この他にも、例えば、取引先における人権への負の影響や防止・軽減への取組の状況等についての情報交換や、取引に関する業界基準の策定、業界全体のトレーサビリティシステムの構築、集団的な苦情処理メカニズムの創設なども、人権DDへの取組において他社と協力をする上での例として挙げられます。ただし、こうした情報交換や業界基準の策定等が、競争減殺の効果をもたらし、競争法上問題視されることのないよう、慎重な検討が必要となります。

第 2 章

人権DDの各ステップ

Q11

Question
人権方針とは何ですか。

A

Answer
　人権方針とは、企業が、その人権尊重責任を果たすという企業によるコミットメント（約束）を企業の内外のステークホルダーに向けて明確に示すものです（経産省指針7頁）。特に経営陣の承認を経た企業によるコミットメント（約束）は、企業の行動を決定する明瞭かつ包括的な方針となるため、極めて重要なものとされています（経産省指針13頁）。

　企業は人権尊重責任を果たすための基礎として、①企業の最上位レベルで承認されていること、②社内外から専門的助言を得ていること、③従業員、取引先及び企業の事業、製品又はサービスに直接関わる他の関係者に対する当該企業の人権尊重に関する期待を明記していること、④一般に公開されており、全ての従業員、取引先その他の関係者に対して周知されていること、⑤企業全体に人権方針を定着させるために必要な事業方針及び手続の中に反映されていることという5つの要件を備えたコミットメントを策定し、企業の内外に向けて表明すべきとされています（国連指導原則16、経産省指針12頁）。

　この人権方針は、OECDガイダンス（全般）でいう「RBC課題に関する企業方針」に含まれると考えられます（OECDガイダンス（全般）22頁、56頁）。この「RBC課題」とは、労働者及び労使関係を含む人権、環境、贈賄及び汚職、情報開示並び

に消費者利益を意味します（OECDガイダンス（全般）15頁）。本書は、RBC課題への取組のうち人権尊重に関する取組を取り扱っていることから、以下では、OECDガイダンス（全般）でいうRBC課題に関する企業方針に言及する際には、文脈に応じて人権方針と記述します。

Q12
Question 人権方針を表明する対象となるステークホルダーとは、どのようなものを指すのですか。

A
Answer 　「ステークホルダー」とは、企業の活動により影響を受ける又はその可能性のある利害関係者（個人又は集団）を意味します。その具体例としては、「取引先、自社・グループ会社及び取引先の従業員、労働組合・労働者代表、消費者のほか、市民団体等のNGO、業界団体、人権擁護者、周辺住民、先住民族、投資家・株主、国や地方自治体等」などが挙げられています（経産省指針9頁）。このように、企業の人権方針の対象は非常に広範にわたるとされています。

　もっとも、企業はその具体的な事業活動に関連して、ステークホルダーを特定する必要があるとされており（経産省指針10頁）、その範囲について一定の限定がなされています。この点について、OECDガイダンス（全般）は、ステークホルダーとみなされる全ての個人又は集団が、必ずしも企業の具体的な活動から影響を受ける利害を有するとは限らないため、企業は具体的な活動に関して考慮すべき利害を持つ個人及び集団（関連

ステークホルダー）を特定する必要があるとしています（同48頁）。

　また、人権DDは、影響を受けているステークホルダー（影響を受けたステークホルダー）の利害と同様に、現在は影響を受けていないが今後受ける可能性のあるステークホルダー（影響を受ける可能性のあるステークホルダー）の利害にも関係するとされています。また、全ての利害の重要性が同等とは限らないため、全てのステークホルダーを同じように扱う必要はないとされています（OECDガイダンス（全般）48頁）。

　以上のとおり、各企業は自らの事業活動の内容を踏まえてステークホルダーを確認し、自社独自の人権方針を策定する必要があります。日弁連手引には、事業活動の場面ごとのステークホルダーに関する典型的な問題事例の例示が挙げられており、ステークホルダーに関する検討を行う際の参考になると思われます（同36頁以下）。

Q13
Question　　人権方針の策定がなぜ求められているのですか。

Answer　　人権方針を策定することは、人権を尊重するための取組を社内に定着させ、人権尊重責任を果たすために社外へ影響力を行使する際の根拠となるとともに、人権尊重の取組についてステークホルダーとの対話を重ねる上での契機となるからです。

　Q1で述べたとおり、企業は事業活動を行う主体として、人

権を尊重する責任を負っています。人権尊重の取組は、採用、調達、製造、販売等を含む企業活動全般において実施されるべきであるため、人権尊重責任を十分に果たすためには、全社的な関与が必要となります。そのため、企業トップを含む経営陣が人権尊重の取組を実施していくことについてコミットメント（約束）することが極めて重要となります（経産省指針10頁）。

　また、人権方針は、企業が取引先などの対外的なステークホルダーに対して、人権尊重責任を果たすための影響力を行使する際の根拠となるという機能を有します。

　人権尊重の取組に際してステークホルダーとの対話は重要であるとされているとおり（経産省指針11頁）、人権尊重の取組を実施するためにはステークホルダーの協力が欠かせません。企業が人権尊重に取り組むに当たり、自社のサプライヤー等に対して一定の取組を要請する際に、人権方針を根拠とすることができます。例えば、取引先に対して、自社の人権方針に関する契約条件を要請したり、人権尊重が確保されているか否かを確認するための調査の受入れを要請したりする際に、人権方針を1つの契機とすることが考えられます。そのため、企業は人権方針を策定するだけではなく、社内外に向けて公表することとされています。

Q14
Question 　　　人権方針は、どのようなプロセスで作成する必要がありますか。

A
Answer 　人権方針の作成に当たっては、少なくとも以下のプロセスを経る必要があるとされています（国連指導原則16、経産省指針13頁）。

- -

 企業内外の専門的な情報・知見を参照し、自社が影響を与える可能性のある人権を把握する

　人権方針を作成にするに当たり、まずは自社が負の影響を与える可能性のある人権を把握する必要があります。検討に当たっては、社内の各部門から知見を収集することに加えて、自社業界や調達する原料・調達国の事情等に精通したステークホルダーとの対話・協議を行うことによって、より実態を反映した人権方針を策定することが期待されています（経産省指針13頁）。

　例えば以下の部署など、人権尊重の取組に関連し得る事業組織や部署においては、方針の策定だけでなく、実際のデュー・ディリジェンスの取組の各段階にも携わることが期待されています（OECDガイダンス（全般）57頁）。

・企業に関する高レベルの意思決定を行う組織（例えば、取締

役会及び経営上層部）

・コンプライアンスを担当する部署（例えば、法務、コンプラ
　イアンス、人事、環境管理及び現場の管理部署）

・新規のビジネス上の関係先を決定する事業部署（例えば、購
　買、調達、販売の各担当部署、投資ファンドマネージャー）

・リスクに関連する製品及び事業の開発や監督を担当する事業
　組織（例えば、製品設計者、オペレーションリード、テクニカル
　リード）

・製品やサービスの販売及びマーケティングの責任を負う事業
　ユニット

② 企業のトップを含む経営陣で承認する

　次に、企業のトップを含む経営陣で人権方針を承認すること
が必要となります。人権方針は企業の行動を決定する明瞭かつ
包括的な方針であり、人権尊重責任を果たすための取組は、企
業が全社横断的に取り組まなければならないため、企業トップ
を含む経営陣において承認されている必要があるからです（Q
9）。

　なお、経営者の影響力が及ぶ社員や関係者だけで原案を策定
すると、ビジネスの影響を受ける弱者の視点やグローバル基準
の理解が不足しかねないため、外部の専門家からの助言を受け
る等の対応が望ましいとされています（日弁連手引29頁）。

❸ 人権方針を一般に公開し、企業全体に定着させるために必要な方針・手続を確立する

　人権方針を作成した後は、その内容を一般に公開し、全ての従業員、取引先及び他の関係者に向けて社内外にわたり周知することとされています。また、人権方針は作成・公表することで終わりではなく、企業全体に定着させ、その活動の中で具体的に実践していく必要があります（国連指導原則16、経産省指針13頁）。そのために、人権方針を社内外に周知し、行動指針や調達指針等にその内容を反映する必要があります。人権方針を企業全体に定着させるための方針・手続の具体的内容については、Q16を参照ください。

Q15
Question

　人権方針には、どのような内容を含めることが求められているのですか。

A
Answer
　従業員、取引先、及び企業の事業、製品又はサービスに直接関わる他の関係者に対する人権尊重への企業の期待が明記されていること等が必要です。

　人権方針の策定における５つの要件（Q11）においては、その内容として、従業員、取引先、及び企業の事業、製品又はサービスに直接関わる他の関係者に対する人権尊重への企業の期待が明記されていることが要件の１つとされています（国連

指導原則16、経産省指針13頁）。国連指導原則や経産省指針では
その具体的な内容や程度は明らかにされていませんが、人権方
針が、企業の行動を決定する明瞭かつ包括的な方針であること
を踏まえると、各ステークホルダーが人権尊重責任を果たすた
めにどのような行動が期待されるかについての方向性が明確に
表明されていることが重要になると考えられます。

　この点について、日弁連手引は、人権方針に盛り込むべき要
素として以下の７点を挙げています（同28頁）。

① 　人権尊重に対する当社の考え方

② 　企業関係者（ステークホルダー）に対する人権についての
　 期待

③ 　人権に関する国際規範や国際基準への支持表明

④ 　方針の適用範囲

⑤ 　企業理念や他の社内規定（行動規範、CSR 活動方針等）と
　 の関連性

⑥ 　ステークホルダー（rights holders）との対話・協議につい
　 て

⑦ 　人権侵害事象が発生した場合の是正プロセス（救済手段）

　人権方針を策定する際には、創業以来の価値観や特に配慮す
べき影響等、その企業における独自の視点が必要であるとされ
ています。その際、過去に発生した社内や同業他社の問題事例
を検証して取り込むこと、人権方針の策定以降に社内外の状況
変化が発生することを想定して、将来の経営者や担当者に注意
を喚起する視点も大切であるとされています。例えば、新規事
業、海外進出、M&A等、過去に経験のない事業要素や異文化

を取り込む際には、人権に関して遵守・尊重すべきポイントが伝わるように、内容や表現に工夫を加えるのが望ましいとされています（日弁連手引29頁）。また、人権方針が企業文化として定着するまで経営判断の背骨として機能する内容とする必要があるとされています。

OECDガイダンス（全般）は、人権方針において、OECD多国籍企業行動指針に定められた原則と基準への企業のコミットメントを示すこととしています（同22頁、56頁）。また、人権DDのプロセスにおいて、企業がどのように優先順位付けを行っているかを説明するために人権方針を用いることも有用であるとしています。このほか、人権DD、ステークホルダーとのエンゲージメント及び是正にどのように取り組むかを定めることができるともしています（OECDガイダンス（全般）56頁）。

Q16
Question

人権方針を企業全体に定着させるために、どのような方針・手続を実践することが想定されていますか。

A
Answer

人権方針を企業全体に定着させるためには、社内への周知や、行動指針や調達指針等への人権方針の内容の反映、人権DDの結果等を踏まえた人権方針の改定等が必要となります。

人権方針は策定・公表することで終わりではなく、企業全体に定着させ、その活動の中で具体的に実践していくことが必要とされています。そのために、人権方針を社内に周知し、行動

指針や調達指針等にその内容を反映することなどが重要である
とされています。例えば、自社の従業員に対して、「公開」と
は別に「周知」のための行動（研修の実施など）を取ることが
考えられます。なお、必ずしも全ての場合において、「公開」
とは別に「周知」のための手続が必要となるわけではなく、各
企業において自社に人権方針を定着させるために必要かつ適切
なプロセスを検討することが重要です（経産省指針14頁）。

　日弁連手引も、人権方針は策定されるだけでなく、従業員一
人一人の行動に反映されるように定着するための手段を継続的
に講じる必要があるとしています。また、国家が政策の一貫性
に向けて努力すべきであるように、企業は、人権を尊重する責
任とその広範な企業活動や取引関係を管理する方針及び手続に
一貫性を持たせるよう努力する必要があり、これには、例え
ば、従業員のための金銭的及びその他の業績インセンティブ、
調達、及び人権が問題となるような議会ロビー活動等の在り方
を決める方針及び手続を含むべきであるとしています（日弁連
手引30頁、国連指導原則16）。

　OECDガイダンス（全般）は、人権方針を定着させ具体的に
実践していくために、人権方針をその企業の経営監督機関に組
み込んだ上で、国内の法令において今後予想されるこれら経営
監督機関の独立性、自律性及び法的構造を考慮しながら、企業
の人権方針が通常の事業プロセスの一部として実施されるよう
にする必要があるとしています（同23頁）。

　また、人権方針をサプライヤー及びその他のビジネス上の関
係先とのエンゲージメントに組み込むことも必要であるとして

います（同24頁）。そのための手法として、人権方針にビジネス上の関係先に対する期待事項を記載するだけでなく、取引先との間で期待事項に関する合意書を締結することや、人権に対する課題を取り入れた事前資格審査プロセス、入札基準又は選考基準を適用して取引先を選定することを挙げています（同60頁）。

Q17

Question
人権方針はどのような効力（法的拘束力）を持つべきですか。その適用範囲については、どのように考えるべきですか。

A
Answer
　国連指導原則は、人権方針について、企業のトップを含む経営陣で承認されていることを要請しています（原則16）。日弁連手引は、この要請を踏まえて、人権方針には、就業規則のような最上位の社内的な拘束力を持たせる必要があるとしています。また、人権方針に違反した場合には、人事考課上の不利益、改善指導、懲戒処分を受けるなど懲戒規範と連動した規範性を持たせる必要があるとしています（同29頁）。

　他方で、日弁連手引は、価値観の多様性、過去のビジネス行動、組織内の力関係等が作用して、人権課題を見落とした過失を一方的に攻めることが酷な場合があり、現場を威圧することなく、経営者が率先して謙虚な反省と学習を組織として進めることが大切であると指摘しています。その上で、あらかじめ行動のネガティブ・リストを示しておくこと、違反した者に釈明

の機会を与えること、組織学習につなげることが重要であると
しています（同29頁、30頁）。

　なお、国連指導原則や経産省指針、OECDガイダンス（全般）
は、企業に対して直接に法的拘束力を及ぼすものではありませ
ん。しかしながら、国連指導原則はグローバルスタンダードと
して多くのステークホルダーに支持されていることからする
と、同原則に違反する行為は、企業に対して取引機会の喪失や
レピュテーションリスクなどの不利益をもたらす可能性があり
ます。また、Ｑ４で概観したように、国連指導原則の内容を踏
まえ、各国において人権DDの法制化が進んでいます。こうし
た傾向に照らせば、企業には迅速にこれらの原則等に沿った取
組を実施することが期待されていると考えられます。

第 2 特定・評価

Q18
Question 人権への負の影響の特定・評価とは、何をすることなのですか。

A
Answer 人権への負の影響とは、企業の活動又は取引関係の結果として生じ得る、実際の又は潜在的な人権への負の影響をいいます（国連指導原則18）。このうち、「取引関係の結果として」生じ得るという箇所からも明らかなように、人権への負の影響には、自社又は自社の属する企業集団が直接もたらす負の影響だけでなく、自社のサプライチェーンにおいて生じる負の影響も含まれます。

人権への負の影響の特定とは、負の影響の有無を判断するための情報を広く収集し、人権への負の影響が生じる可能性が高く、かつ、リスクが最も重大であると考えられる事業領域を特定することをいいます（OECDガイダンス（全般）25頁、経産省指針14頁）。特定のプロセスは、①リスクが重大な事業領域の特定と、②負の影響の発生過程の特定に大別できます（経産省指針14頁）。具体的には、企業の活動により、誰が影響を受けるのかを特定し、関連する人権に関する基準及び問題を整理することとなります（国連指導原則18解説）。

人権への負の影響の評価とは、企業が、実際の又は潜在的な負の影響を受ける事業領域に対してどのように人権への負の影響を与え得るのかを予測し、評価することをいいます（国連指

導原則18解説、OECDガイダンス（全般）27頁）。評価のプロセスは、①負の影響と企業の関わりの評価と、②対応の優先順位付けに大別できます（経産省指針14頁）。

　国連指導原則は、特定及び評価のプロセスにおいて、内部及び／又は独立した外部からの人権に関する専門知識を活用すべきとしています（原則18）。また、企業の規模並びに事業の性質及び状況等に応じて、実際の又は潜在的な影響を受けることが予測されるステークホルダー（取引先、従業員、労働組合、消費者、市民団体及び周辺住民等）との協議も併せて行うべきとしています（原則18、経産省指針14頁）。

Q19 Question 人権への負の影響にはどのような類型がありますか。

　人権への負の影響は、評価のプロセスにおいて、以下の3類型のいずれかに分類されます（国連指導原則13、OECDガイダンス（全般）27頁、経産省指針8頁）。

① 企業がその活動を通じて負の影響を引き起こす（cause）場合

② 企業がその活動を通じて直接に又は外部機関（政府、企業その他）を通じて負の影響を助長する（contribute）場合

③ 企業が、負の影響を引き起こさず、助長もしないものの、取引関係によって事業・製品・サービスが人権への負の影響に直接関連する（directly linked）場合

ここでいう企業の「活動」には、作為のみならず不作為も含まれます。また「取引関係」には、取引先企業、バリューチェーン上の組織並びに企業の事業、製品又はサービスと直接関係のある非国家及び国家組織が含まれます（国連指導原則13解説）。

　①の負の影響を「引き起こす」場合とは、企業の活動がそれだけで負の影響をもたらすのに十分である場合をいいます（OECDガイダンス（全般）27頁、経産省指針 8 頁）。

　②の負の影響を「助長する」場合とは、⑴企業の活動が他の企業の活動と合わさることにより負の影響を引き起こす場合、及び⑵他の企業に負の影響を引き起こさせ、又は他の企業が負の影響を引き起こすことを促進し若しくは動機付ける場合をいいます（経産省指針 8 頁）。

　③の負の影響に「直接関連する」場合とは、企業が負の影響を引き起こさず、助長もしていないものの、取引関係によって事業・製品・サービスが人権への負の影響に直接関連する場合をいいます。「直接関連する」か否かを判断するに当たり、直接の契約関係は必要ではありません（OECDガイダンス（全般）71頁、経産省指針 8 頁）。

　これらの負の影響の 3 類型の具体的な内容と、各類型について求められる対応の概要については、Q20からQ25を参照ください。

【図表】

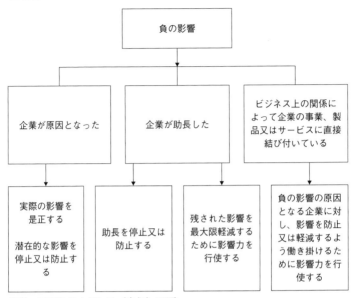

出所：OECDガイダンス（全般）72頁

Q20
Question 　　　　人権への負の影響のうち、「引き起こす」
とは、どのような負の影響をいうのでしょうか。

A
Answer 　負の影響を「引き起こす（cause）」場合とは、企業の活動が
それだけで負の影響をもたらすのに十分である場合をいいます
（国連指導原則13、OECDガイダンス（全般）27頁、経産省指針8
頁、Q19）。

　負の影響を「引き起こす」類型に該当するかを判断する際に
は、企業の行動が負の影響について直接責任があるか否か、企

業が負の影響を防止・軽減するための直接の措置をしないことが負の影響の原因となっているか等を考慮して、企業の活動が負の影響の原因になっているかを検討すべきです（OECDガイダンス（衣類・履物）61頁）。

　負の影響を「引き起こす」場合の典型例としては、自社工場の作業員を適切な安全装備なしで危険な労働環境において労働させる場合や、自社工場からの化学物質の流出が地域の飲料水を汚染する場合等が挙げられます。また、企業が雇用の慣行において女性若しくは人種的少数派に属する人々を差別する場合や企業が外国の公務員に贈賄を行う場合も、この類型に該当します（OECDガイダンス（全般）27頁、70頁、経産省指針8頁）。

　企業が「引き起こす」負の影響に対しては、第一にその原因となる活動を停止することを検討すべきです。また、潜在的な負の影響の防止・軽減を図るための計画を策定し、実施することも重要です（OECDガイダンス（全般）72頁、75頁、77頁）。

Q21

Question 人権への負の影響のうち、「助長する」とは、どのような負の影響をいうのでしょうか。

Answer
　負の影響を「助長する（contribute）」場合とは、⑴企業の活動が他の企業の活動と合わさることにより負の影響を引き起こす場合、及び⑵他の企業に負の影響を引き起こさせ、又は他の企業が負の影響を引き起こすことを促進し若しくは動機付ける場合をいいます（国連指導原則13、OECDガイダンス（全般）27

頁、経産省指針8頁、Q19）。

　負の影響を「助長する」といえるか否かを判断する際は、以下の要素を含め、多くの要素を考慮する必要があります（OECDガイダンス（全般）70頁、経産省指針8頁）。

①　企業が他の企業による負の影響を促したか又は動機付けた程度（負の影響の発生への寄与度）

②　負の影響又はその可能性について、知り得たか又は知るべきであったかという程度（予見可能性の程度）

③　企業のいずれかの活動が実際に負の影響を軽減し、又は影響発生のリスクを減少させた程度

　以上のうち①との関係で、「助長する」といえるのは、企業の活動が実質的に負の影響のリスクを増大させている場合に限られます。企業の活動が些末な要因にとどまり、実質的に寄与したといえない場合は、「助長する」には該当しません（OECDガイダンス（全般）70頁）。

　負の影響を「助長する」場合の典型例は以下のとおりです（OECDガイダンス（全般）27頁、70頁、経産省指針9頁）。

・過去の取引実績を踏まえると実現不可能な納期であることを知りながら、短い納期を設定してサプライヤーに納品を依頼した結果、サプライヤーの従業員が極度の長時間労働を強いられる場合

・投資家が、投資先の企業が保有する工場における廃水処理のための高額な設備の導入が地域の飲料水の汚染を防止するために必要であると認識しているにもかかわらず、投資家が導入案に反対することで、投資先の企業の工場による排出水が

その地域の飲料水を汚染する場合

　企業が「助長する」負の影響に関しては、その原因となる活動の停止を検討することに加えて、助長を防止する措置を講じることが必要です。また、残存する負の影響を最大限に軽減するために、負の影響を引き起こしているステークホルダー（ビジネス上の関係先や投資家等）に対して停止・軽減の措置の実施や不当な慣行の変更を働き掛けることも重要です（国連指導原則19解説、OECDガイダンス（全般）72頁、78頁）。

Q22
Question
　人権への負の影響のうち、「直接関連する」とは、どのような負の影響をいうのでしょうか。

A
Answer
　負の影響に「直接関連する（directly Linked）」場合とは、企業が負の影響を引き起こさず、助長もしていないものの、取引関係によって事業・製品・サービスが人権への負の影響に直接関連する場合をいいます。「直接関連する」か否かを判断するに当たり、直接の契約関係の存在は必要ではありません（国連指導原則13、OECDガイダンス（全般）27頁、経産省指針8頁、Q19）。

　直接の関連性の有無を判断する際は、企業自体が負の影響を引き起こし、また助長するに至らなかった害悪がサプライチェーンに存在するか否かを考慮すべきです（OECDガイダンス（衣類・履物）61頁）。

　国連指導原則は、他者による人権への負の影響を企業が助長

している、又は助長していると見られている場合、加担の問題が生じ得るとしています（原則17解説）。Q19で述べたとおり、人権への負の影響と企業との関係は、負の影響を「引き起こす」場合、「助長する」場合、「直接関連する」場合の3類型に分類されます。日弁連手引は、このうち「助長する」場合と「直接関連する」場合が「加担」に当たると述べています（42頁）。負の影響を「助長する」場合と「直接関連する」場合の区別は一般には困難ですが、取引関係を有している場合のうち、自社の判断や行動が人権侵害の度合いを大きくするものが「助長する」場合に当たります。例えば、実現不可能なほどに短い納期での発注が、サプライヤーにおける違法な長時間労働を発生させるというような、人権への負の影響との因果関係が明確な場合が「助長する」場合であり、因果関係がより薄い場合が「直接関連する」場合に該当するものと考えられます（国連指導原則19解説、日弁連手引42頁）。

　負の影響と「直接関連する」場合の典型例は以下のとおりです（OECDガイダンス（全般）71頁、経産省指針8頁）。

・企業が児童労働により採掘されたコバルトを（採掘企業、精錬業者、貿易商等とのビジネス上の関係を通じて）調達し、自社製品に使用している場合

・小売業者が衣料品の刺繍を委託したところ、受託者であるサプライヤーが、小売業者との契約上の義務に違反して、児童に刺繍を作成させている業者に再委託する場合

・事業活動のためにある企業への貸付けを行ったが、その企業が自社との合意に違反し、地域住民を強制的に立ち退かせる

場合

　企業の事業等が「直接関連」する負の影響に関しては、「引き起こす」又は「助長する」場合とは異なり、自社の活動が負の影響の直接の原因ではないため、その負の影響に直接対処することは多くの場合困難です。そのため、こうした負の影響への対処方法としては、負の影響を引き起こし、又は助長しているステークホルダー（ビジネス上の関係先や投資家等）に対して、停止・軽減の措置の実施や不当な慣行の変更を働き掛けることが考えられます（OECDガイダンス（全般）81頁、日弁連手引42頁参照）。また、ステークホルダーに対して十分な影響力を有しない場合には、影響力を確保・強化することや、支援を行うことを検討すべきです（国連指導原則19、日弁連手引42頁、OECDガイダンス（全般）79頁、Q36、Q37）。

Question　人権への負の影響を、なぜ特定・評価する必要があるのですか。

Answer　企業は以下のような検討ないし判断を行う前提として、人権への負の影響を特定・評価する必要があります。

①　企業が人権への負の影響に対処する必要性の有無や、是正措置又は是正のための協力を実施する責任の有無について検討・判断する（OECDガイダンス（全般）73頁、国連指導原則19解説）。

②　人権への負の影響と企業との関係の評価、すなわちQ19

の３つの類型のいずれに当たるかについて検討を行うことで、負の影響に対する適切な対応方法を検討・判断する（OECDガイダンス（全般）27頁、国連指導原則18解説）。

③　負の影響の深刻性や発生可能性に基づき、措置を講じる優先順位を検討・判断する（国連指導原則17解説、OECDガイダンス（全般）17頁、42頁）。

国連指導原則は、企業に対して、他者の人権を侵害することを回避し、関与する人権への負の影響を防止・軽減・是正する措置を講じるよう求めています（原則11、原則19解説、OECDガイダンス（全般）42頁）。そのためには、まずは、企業が実施している事業活動に関連してどのような人権への負の影響があるのか、また、人権への負の影響に対して企業がどのような関わり方をしているのかを把握し、評価する必要があります。このような特定・評価のプロセスを経ることで、企業が負の影響に対処すべき必要性及び責任の有無や、その必要性がある場合における適切な対応方法の決定に当たり必要な情報を得ることができます（OECDガイダンス（全般）70頁）。

また、企業が特定された全ての影響に同時に対処することが不可能な場合は、負の影響の深刻性や発生可能性に基づいて、措置を講じる優先順位を決定し、最も重大な影響から対応することが必要です（国連指導原則24、OECDガイダンス（全般）17頁、経産省指針19頁、日弁連手引31頁）。人権への負の影響の特定・評価は、このような優先順位を判断するためにも重要です。

Q24
Question 人権への負の影響の特定・評価は、どのような頻度で行うことが求められるのですか。

A
Answer 人権の状況は常に変化するため、人権への影響評価は、定期的に繰り返し、かつ徐々に掘り下げながら行うべきです。具体的には、定期的な評価に加えて、以下のような場合にも、非定期の影響評価を実施すべきです（国連指導原則18解説、経産省指針16頁）。

① 新たな事業活動を行おうとし、又は新たな取引関係に入ろうとする場合

例：新たな製品の製造や事業の立ち上げ、投資

② 事業における重要な決定又は変更を行おうとする場合

例：合弁企業の設立、企業の合併・買収、会社の清算、市場への参入、新製品の発売、企業の方針変更又は事業の大幅な変更

③ 事業環境の変化が生じていたり予見されたりする場合

例：社会不安の高まりによる治安の悪化の発生

人権リスクは、契約やその他の合意が形作られる段階で増大又は軽減され得るものであり、新たな事業又は取引関係を展開するに当たっては、できるだけ早く負の影響の特定・評価に着手すべきです（国連指導原則17解説）。負の影響はステークホルダーからの苦情やヒアリングに表れることもあるため、影響評価においては、苦情の処理を通じて得られた情報も役立てることができます。また、様々な視点から企業が負の影響に関係し

ていないかを検討すべきです。経産省指針は、その例として、サプライヤーから調達する製品・サービスの価格が不当に廉価ではないかという点等にも留意する必要があるとしています（指針16頁）。

このように継続して影響評価を実施することにより、各社が取り組む負の影響の優先度は、継続的に見直されることとなります。また、影響評価の結果は、その負の影響の防止・軽減のみならず、事業活動における様々な意思決定全般において考慮することが望ましいと考えられます（経産省指針16頁）。

Q25

Question 人権への負の影響の特定に当たっては、どのようなリスクの種類を考慮する必要があるのですか。

A
Answer 人権への負の影響の特定に当たっては、人権への負の影響が生じる可能性が高く、かつ、リスクが最も重大であると考えられる事業領域を特定することが肝要です。かかる事業領域の特定に関しては、セクターに関するリスク、地域に関するリスク、製品に関するリスク、企業固有のリスクといったリスク要素を考慮することが考えられます（OECDガイダンス（全般）25頁、経産省指針14頁）。これらのリスクの内容や具体例については、Q26からQ29を参照ください。

人権への負の影響の特定に当たっては、社会的に脆弱な立場に置かれるリスクや排除されるリスクが高い集団、又は民族に属する個人に対する人権への負の影響に対して、特に注意を向

ける必要があります（国連指導原則18解説、経産省指針17頁、日弁連手引25頁）。このような個人はより深刻な影響を受けやすいため、人権への負の影響に対応した後も、その対応の有効性を追跡評価すべきです（国連指導原則20解説）。外国人、女性や子供、障害者、先住民族、民族的・種族的・宗教的・言語的少数者は、個別具体的な検討を要するものの、一般的には脆弱な立場に置かれることが多いと考えられています。またこれらの属性が重複することで、更に脆弱性が強まり得ます（国連指導原則12解説、経産省指針17頁、日弁連手引25頁）。

Q26 Question　セクターに関するリスクとは、どのようなリスクを指すのですか。

A Answer　セクターに関するリスクとは、製品の品目や立地拠点にかかわらず、そのセクターの特徴、活動、製品及び製造工程に起因して、そのセクター内で世界的に広く見られるリスクを指します（OECDガイダンス（全般）62頁、OECDガイダンス（衣類・履物）41頁）。

　例えば、採掘産業セクターは、現地コミュニティに対する広域の環境的影響及び環境的影響に関連するリスクとの関連性が高いとされています（OECDガイダンス（全般）62頁）。

　また、衣類・履物セクターは、①労働者の人権のリスク、②環境のリスク、③誠実性のリスクとの関連性が高いとされています。このうち、①労働者の人権のリスクの例としては、児童

労働、差別、強制労働、労働安全衛生、労働組合に関する労働者の権利（労働組合の設立・参加・団体交渉）の侵害、最低賃金の不遵守等が挙げられます。②環境のリスクの例としては、有害な化学物質や温室効果ガスの排出、水質汚染、過剰に水を消費すること等が挙げられます。③誠実性のリスクの例としては、贈収賄が挙げられます（OECDガイダンス（衣類・履物）42頁）。

Q27 地域に関するリスクとは、どのようなリスクを指すのですか。

地域に関するリスクとは、セクターのリスクの可能性を更に高めると考えられる、特定の国におけるリスク要因を指します（OECDガイダンス（全般）63頁）。

地域に関するリスクは一般的に、⑴規制の枠組み、⑵ガバナンス、⑶社会経済状況及び⑷政治状況に関連するものに分類されます。このうち、⑴規制の枠組みに関連するリスクの例としては、国際的な規約との整合性に関するものが挙げられます。また、⑵ガバナンスに関連するリスクの例としては、監督機関の強さ、法の支配、汚職の程度等に関するものが挙げられます。⑶社会経済状況に関連するリスクの例としては、貧困率及び就学率、特定の人口の脆弱性及び差別等が挙げられます。⑷政治状況に関連するリスクの例としては、紛争の存在等に関するものが挙げられます（OECDガイダンス（全般）63頁）。

例えば、紛争地域や人権への負の影響のリスクが高い地域ないし国において鉱物を採掘する場合は、鉱物のサプライチェーン（採掘現場から最終的に消費者向け製品に組み込まれるまでの一連の流れにおける、全ての関係者による活動、サービス等によるシステム）において存在する、以下のリスクが地域に関するリスクとして挙げられています（OECDガイダンス（紛争鉱物）20頁）。

① 鉱物の採掘、輸送、取引に関連して生じる強制労働、児童労働等の人権侵害のリスク

② 鉱石の採掘、輸送、取引、取扱い又は輸出を通じて行う非政府武装集団に対する直接的又は間接的支援のリスク（当該集団に対する支払又は物流面や機器装備面の支援等を含む）

③ 違法な活動を行う公的又は民間の保安隊に対する直接的若しくは間接的支援のリスク

④ 贈収賄、鉱物原産地詐称、資金洗浄、並びに政府への税金、手数料及び採掘権料の未払に関するリスク

Q28
Question　製品に関するリスクとは、どのようなリスクを指すのですか。

A
Answer　製品に関するリスクとは、特定の製品の開発又は利用において投入される原材料等のインプット又は開発・製造工程に関連するリスクを指します。例えば、一般的に、ビーズの装飾又は刺繍の施された衣類製品では、他の製品に比べて、非正規雇用

及び低賃金かつ不安定な労働に関するリスクがより高まると考えられます。他方で、電話及びコンピュータ等については、紛争地域で採掘されるリスクのある部品が使われている可能性が高いと考えられます（OECDガイダンス（全般）63頁）。

　農産物については、当該農産物の生産が、特定の状況において、環境、社会及び人権に負の影響を及ぼす可能性や、農業食品が衛生・食品安全基準に適合していないリスクが考えられます（OECDガイダンス（農業）35頁）。例えば、ある農産物を生産するために、森林伐採を行うことで場所を確保し、機械や農薬を使用して生産する場合には、機械や農薬の利用による有害物の排出や、森林破壊による生物多様性の破壊により天然資源の持続可能な利用に関するリスクが生じる可能性があります（OECDガイダンス（農業）20頁）。

　また、衣類製品や履物製品の中には、製品の製造工程の相違により、他の製品よりも人権への負の影響のリスクが高い製品があります。例えば、綿製品は、パラチオン、アルジカルブ及びメタミドホスなどの有害な殺虫剤による高いリスクがあります。他方で、ポリエステル製品は温室効果ガス排出の原因となる高いリスクがあります（OECDガイダンス（衣類・履物）43頁）。

Q29
Question　企業固有のリスクとは、どのようなリスク
を指すのですか。

Answer　企業固有のリスクとは、特定の企業に関連する人権への負の
影響のリスクを指します。企業固有のリスクの要因としては、
例えば、貧弱なガバナンス、人権尊重、労働者の権利、汚職防
止の基準及び環境基準に関する過去の不祥事、又は責任ある企
業行動に即した企業文化の欠如等に関するリスクが挙げられま
す（経産省指針13頁、OECDガイダンス（全般）63頁）。

　また、企業が取引を行うビジネス上の関係先が、企業固有の
リスクの要因となることがあります。農業のセクターを例に具
体的なケースを考えると、⑴ビジネス上の関係先が、OECDガ
イダンス（農業）に規定されている基準を遵守していない場合、
⑵ビジネス上の関係先が、過去に人権への負の影響を有する可
能性がある調達先から農産物を調達していた場合、⑶ビジネス
上の関係先が、OECDガイダンス（農業）に規定されている基
準を遵守していない企業の株主である又はその他の利権を保有
している場合等が挙げられます（OECDガイダンス（農業）35
頁）。このようなリスク要因は、他のセクターの企業において
も同様に当てはまるものと考えられます。

　また、衣類・履物のセクターにおいては、自社が販売する製
品の品目数や品目の入替えの頻度によっては、以下のような人
権への負の影響をサプライチェーン上に与える可能性がありま
す（OECDガイダンス（衣類・履物）43－44頁）。

① 一般的に、大量かつ多種多様な品目を有する企業は、材料や生産プロセス等のばらつきが生じることにより、サプライチェーンがより広範な人権への負の影響のリスクを被ることが多いとされています。

② 一般的に、季節ごと等の短い製品サイクルを有する企業は、製品の設計から生産まで短い時間枠で行うように要求します。しかし、対応時間の短さは、過剰残業や強制残業等の、労働者の虐待や、人権侵害の原因となり得る発注、駆込み発注等のリスクを増大させます。

③ ②に加えて、短い製品サイクルは材料及び資源の使用を増大させ、炭素、水、廃棄物の排出量増大のリスクを生じさせます。

Q30
Question 特定された人権への負の影響を、どのような基準で評価することが求められるのですか。

A
Answer 　企業は、自らが原因となったり助長したりした負の影響については、全て対処する責任を負っています（OECDガイダンス（全般）42頁、国連指導原則19解説）。しかし、企業は必ずしも、自らの活動及びビジネス上の関係先に関連する全ての負の影響を直ちに特定し、対処できるとは限りません（OECDガイダンス（全般）42頁、国連指導原則17解説）。全ての負の影響に直ちに対処できない場合、企業は、実際の及び潜在的な負の影響に関して得られた情報を基に、優先的に措置を講じるべき最も重

大な人権への負の影響を決定する必要があります（OECDガイダンス（全般）28頁）。対応の優先順位を決める際は、企業の活動が人権に及ぼす影響について、①影響の深刻度と、②影響の発生可能性という、2つの基準で負の影響の評価を行い、これに基づき優先順位を決めることが重要です（日弁連手引31頁、OECDガイダンス（全般）42頁、経産省指針19頁）。

　①影響の深刻度は、影響の規模、範囲及び是正不能性によって判断されます（OECDガイダンス（全般）42頁）。この影響の規模、範囲及び救済困難度の意義や、判断する際の考慮事項等については、Q31で後述します。また、優先順位付けを行う際は、対応の遅れが救済困難度に影響することを考慮することも必要です（OECDガイダンス（全般）45頁）。

　企業が負の影響を防止又は軽減するために対応措置の優先順位付けを行う場合、優先すべき基準は人権への負の影響の深刻度であり、深刻度の高いものから対応すべきことが求められます。また同等に深刻度が高い負の影響が複数存在する場合には、影響の発生可能性（蓋然性）が高いものから対応することが合理的と考えられます（経産省指針19頁、OECDガイダンス（全般）73頁）。例えば、ある工場が、危険な電気系統による火災のリスクと、5年以内には起こらないと予測される水質汚染のリスクに晒されており、2つのリスクの深刻度が同等である場合には、水質汚染への対処よりも、建物の安全を確保した上で火災発生の場合どのように対応するかを労働者に知らせる方が優先されます（OECDガイダンス（全般）73頁）。

　なお、②影響の発生可能性に関して、発生可能性が認められ

ない、又は抽象的な可能性にとどまる潜在的な負の影響については、そもそも防止・軽減すべき負の影響として検討しないことも許容されると考えられます（経産省指針17頁、日弁連手引31頁）。

Q31
Question
人権への負の影響の深刻度を判断するに当たり、どのような考慮事項があるのですか。

A
Answer
影響の深刻度（Severity of impacts）とは、人が死に至るかどうか、元に戻せるものかどうか等から判断される、影響自体の大きさの程度をいいます（日弁連手引31頁、OECDガイダンス（全般）42頁）。影響の深刻度は、①影響の規模、②範囲及び③救済困難度によって判断されます（OECDガイダンス（全般）42頁、経産省指針20頁）。

① 影響の規模とは、人権に対する負の影響の重大性をいいます。これを判断するための考慮事項としては、侵害の性質や背景、侵害の態様、被害者の状況等があります。

② 影響の範囲とは、負の影響の及ぶ範囲をいいます。これを判断するための考慮事項としては、負の影響を受ける人々の人数、負の影響を受けるグループやコミュニティの大きさ等があります。

③ 影響の救済困難度とは、負の影響が生じる前と同等の状態に回復することの困難性をいいます。これを判断するための考慮事項としては、負の影響の是正可能性の程度や負の影響

が生じる前と同等の状態に回復するために求められる行動の迅速性の程度等があります。例えば、補償等による被害回復による救済が想定されるのであれば、是正可能性があると判断される可能性があります。

　なお、企業の活動が及ぼす負の影響が上記の性質（規模、範囲及び救済困難度）を複数有するからといって、深刻度が高いと判断されるとは限りません。もっとも、往々にして、影響の規模又は範囲が大きいほど、影響の是正可能性は低下します（OECDガイダンス（全般）44頁）。

Q32
Question　人権への負の影響の防止・軽減とは、どのようなことをするものですか。

A
Answer　人権への負の影響の防止・軽減とは、人権への負の影響がそもそも発生しないようにするための活動（防止）や、負の影響が発生した場合にその影響を少なくする活動（軽減）に大別されます（OECDガイダンス（全般）74頁）。

　企業には、人権尊重責任を果たすため、企業活動による人権への負の影響を引き起こしたり助長したりすることを回避し、負の影響を防止・軽減することが求められます。また、企業がその影響を引き起こし又は助長していなくても、取引関係によって企業の事業、製品又はサービスに直接関連する人権への負の影響については、防止・軽減に努めることが求められます（国連指導原則13、経産省指針20頁）。具体的な防止・軽減のための措置としては、例えば、製品設計の変更、教育・研究の実施、取引停止等が考えられます（Q36）。

　人権への負の影響を防止・軽減させる適切な措置は、負の影響への自社の関わりの程度（①自社が引き起こす負の影響、②自社が助長する負の影響及び③自社の事業等が直接関連する負の影響。なお、各類型の詳細については、Q19）及び負の影響に対処する企業の影響力に応じて異なり得ます（国連指導原則19(b)）。

　まず、①自社が引き起こす負の影響及び②自社が助長する負

の影響に関しては、第一にその原因となる活動を停止すること
を検討すべきです。また、潜在的な負の影響の防止・軽減を図
るための計画を策定・実施することも考えられます（OECDガ
イダンス（全般）77頁、Q20、Q21）。

　他方、③自社の事業等が直接関連する負の影響に関しては、
①及び②の場合とは異なり、自社の活動それ自体を直接の原因
としているわけではないため、その負の影響自体に直接対処す
ることはできませんが、状況に応じて、負の影響を引き起こ
し、又は助長している企業に対して影響力（負の影響を直接引
き起こしている問題企業の不当な慣行を変えさせる力）を行使し、
若しくは、影響力がない場合には影響力を確保・強化し、又は
支援を行うことを検討すべきです（日弁連手引42頁、Q22）。
具体的には、自社の企業力を強化したり、取引先との間で長期
的な関係性を築いたりすることにより、影響力を強化すること
が考えられます（Q37）。

Q33

Question　防止・軽減措置の対象となる当事者の範囲
は、どのように定めることが想定されていますか。

Answer　防止・軽減措置の対象となる当事者の範囲は、必ずしも自社
や自社のグループ会社、直接の取引先には限られず、直接の取
引関係にない二次取引先やそれ以降の取引先もその対象となり
得ます（Q34）。

　自社や自社グループ会社が引き起こす又は引き起こし得る人

56

権への負の影響については、原因活動を停止する等の直截的な防止・軽減措置を講ずるべきです（国連指導原則19解説）。

　他方、他社が引き起こしている負の影響を自社が助長している又は助長し得る場合には、自社による防止・軽減措置だけでは、その負の影響を完全に解消することは困難です。そのため、負の影響を助長する自社の活動を停止した後に、更に残存した負の影響を最大限軽減するよう、直接の取引先だけではなく、直接の取引関係にない二次取引先やそれ以降の取引先等のビジネス上の関係者に働き掛けを行うなど、可能な限り自社の影響力を行使して（国連指導原則19解説）、人権への負の影響を防止・軽減するように努めるべきです（経産省指針21頁、Q37）。

　自社や自社グループ会社が引き起こしたり助長したりはしていないものの、他社による人権への負の影響に自社が直接関連している場合には、企業は、状況に応じて、影響力の行使等の適切な措置を通じて負の影響を防止・軽減するように努めるべきです（経産省指針21頁）。この適切な措置を検討する際には、自社の相手方に対する影響力、自社にとってのその取引関係の重要性、侵害の深刻度、及びその企業体との取引関係を終わらせることが人権への負の影響をもたらすか等を考慮する必要があります（国連指導原則19解説）。具体的な対応例としては、主に事業又は活動の変更、関係の停止、影響力の行使・強化、関係先の支援という４つが考えられます（Q36）。

　また、全ての直接・間接の取引先における負の影響について、企業が直ちに取組を行うことは、多くの場合困難です。そ

の場合には、自社と直接契約関係にある取引先において、自社
やグループ会社が引き起こし又は助長している負の影響に優先
的に対応することが考えられます。そして、その中でも、より
深刻度の大きい人権への負の影響から優先して取り組むべきと
考えられます（国連指導原則24解説、経産省指針Q&ANo.3、日
弁連手引32頁、Q35）。

Q34
Question　二次取引先以降の、自社と直接取引関係に
ない他社に対して、防止・軽減措置を講ずる必要があるの
でしょうか。

A
Answer　自社と直接の取引関係にない二次取引先やそれ以降の取引先
による人権への負の影響に対しても、これを防止・軽減するよ
うに努める必要があります（Q33）。

　企業が人権への負の影響を助長し、又は助長し得る場合、そ
の助長を止め、又は防止するために、その企業は、必要な手段
を取るべきであり、残存するどんな影響をも軽減するため、可
能な限りその影響力を活用すべきとされています（国連指導原
則19解説）。また、企業が人権への負の影響を助長してはいな
くとも、他社による人権への負の影響に直接関連している場合
には、影響力の行使等を通じて、負の影響の防止・軽減に努め
るべきとされています（Q37）。これらの責務は、自社が直接
働き掛けられる取引先を対象とするだけではなく、直接の関係
性を有する取引先を介して、二次取引先以降に対しても、負の

影響の原因となる者の不正な行為を変更させる影響力を及ぼすことが想定されています（OECDガイダンス（全般）81頁）。

　他方で、防止・軽減するために影響力を行使することは、負の影響の原因となったり助長したりする企業から、そのビジネス上の関係によって負の影響に直接的に結び付いている別の企業への責任転嫁を意図しているものではありません。あくまで、各企業は、それぞれが人権への負の影響を特定し、対処する責任を負っています（OECDガイダンス（全般）17頁、OECD多国籍企業行動指針14頁）。企業は、人権への負の影響が自社の事業、製品又はサービスに直接的に関連している場合には、負の影響を防止・軽減するよう努めるべきですが、是正を実施する責任までを負うわけではありません（国連指導原則22解説、経産省指針29頁）。

　具体的には、次のような方法により、二次取引先以降において生じている人権への負の影響を防止・軽減することが考えられます（OECDガイダンス（全般）79頁、81頁）。

・契約関係を結んでいる取引先からビジネス上の関係先に対する影響力がない企業に対して、共通の期待事項を伝達してもらい、他の事業者と協働して行動することを求める。

・契約関係を結んでいる取引先に対し、事前資格審査を受けたビジネス上の関係先と取引するよう要請する。

・（サプライチェーンにおいては）調達又はその他の事業活動を、サプライチェーンのコントロール・ポイントで事業を行っているビジネス上の関係先の中で、信頼できる人権DDプロセスをその取引先に実施している者と行うようにする。

Q35
Question
負の影響が複数存在する場合には、どのような順位で対応するべきですか。

A
Answer
　負の影響が複数存在する場合には、深刻度の高い負の影響に優先的にまず対応するべきです（国連指導原則24）。深刻度の高い負の影響が複数存在する場合には、まず、自社及び直接契約関係にある取引先において、自社が引き起こし又は助長している負の影響に優先的に対応することも考えられます。その後は、間接的な取引先や自社の事業等と直接関連するのみの負の影響へと、順次対応を広げていく必要があります（経産省指針Q&ANo.3、日弁連手引32頁）。

　企業はその人権に対する負の影響全てに対処すべきですが、同時に全ての影響に対処することができない場合があり得ます。そのような場合には、対応の遅れが是正可能性を損なうことに留意しつつ、上述のような優先順位で対応を進めていくことが重要となります（国連指導原則24解説）。その上で、中長期的には、深刻度の低い又は蓋然性の低い負の影響や、優先順位の低い負の影響についても順次対応していくことが求められます。負の影響への優先順位は、状況の変化に応じて変わり得ますので、企業としては、継続的な影響評価を行うことが重要となります。

　他方、蓋然性が認められない場合や、抽象的な可能性にとどまる潜在的な負の影響については、そもそも防止・軽減すべき負の影響として検討しないことも許容されると考えられていま

す（経産省指針19頁）。ただし、人権への負の影響の重要性に鑑み、そのような判断に至るまでには、適切なプロセスにのっとった客観的な影響評価の下、慎重な検討が必要不可欠です。

　最後に、同等に深刻度の高い潜在的な負の影響が複数存在する場合には、まずは、蓋然性の高い負の影響から優先的に対応することが合理的です。ただし、蓋然性が低いとしても、その低さは負の影響の深刻度の評価を下げるものではなく、深刻度の高い負の影響については、優先度が高いものとして対応することが求められます（経産省指針19頁）。

Q36 Question 防止・軽減措置の手法には、どのようなものが存在しますか。

A Answer 　防止・軽減措置の手法は、事業又は活動の変更、関係の停止、影響力の行使・強化、関係先の支援の大きく4つに大別できます。これらの手法は、人権への負の影響の自社の関わりの程度や影響力等に応じて使い分けられます。

　まず、自社が引き起こす、又は助長することによって、人権への負の影響が実際に生じている場合には、その活動や関係を停止するとともに、かつ、将来の同様の活動を防止する責任を、適切な上級管理者に割り当てることが考えられます（OECDガイダンス（全般）29頁、75頁）。すぐに停止することが難しい場合は、停止する方法についてのロードマップを作成することにより、防止・軽減させるように努めるべきです（OECDガイ

ダンス（全般）29頁）。

　次に、自社が引き起こす、又は助長することによって、潜在的・将来的に負の影響が生じる可能性がある場合には、企業方針の更新、調整、変更措置、研修等により事前に負の影響の発生を防止することが考えられます（OECDガイダンス（全般）29頁、75頁）。

　そして、自社の事業等が直接関連して負の影響が生じている場合には、その負の影響を防止・軽減させるために、ビジネス上の関係先に対する影響力を行使・強化する（国連指導原則19解説）とともに、負の影響を防止・軽減できるように支援することが考えられます（OECDガイダンス（全般）77頁、80頁、Q37）

　上記を含む具体的な防止・軽減措置としては、次のような手法が例として挙げられています（OECDガイダンス（全般）29頁、75頁）。

・調整又は変更措置の実施

・設備の改善

・企業方針及びそれに伴う実施手順の策定等

・研修の実施

・危険信号システムの策定等

・責任部署、責任者の任命

・ロードマップの作成

・取引先との取引関係の見直し

・取引停止

・責任ある撤退

・構造的問題への対処

Q37
Question
取引先に対して影響力を行使・強化することが求められるのは、どのような場合ですか。

A
Answer
企業は人権への負の影響を助長し、又は助長し得る場合には、その助長を止め、又は防止するとともに、残存するどんな影響をも軽減するため、可能な限りその影響力を行使することが求められます。また、企業の事業等に直接関連して負の影響が生じている場合には、その負の影響を防止・軽減させるために、ビジネス上の関係先に影響力を行使・強化することが企業には求められます（国連指導原則19解説）。

ここでいう影響力とは、害を引き起こす企業体の不当な慣行を変えさせる力のことをいい、影響力の行使とは、ビジネス上の関係先に働き掛けを行い、負の影響を防止・軽減するように促すことをいいます（OECDガイダンス（全般）78頁）。影響力は、企業の事業規模、ビジネス上の優位性、取引の重要性等の企業間における様々な要素や関係性によって基礎付けられるものです。そのため、他社に対する影響力が弱い場合には、自社の事業規模拡大、サービスの質を高めることによる企業力の強化、その他のインセンティブの関係企業体への提供、他の事業者との協力等により、影響力を強化することが考えられます（国連指導原則19解説）。具体的な強化の方法として、取引基本契約において、人権DDに関する期待事項を取引契約盛りこむ

ことや（Q39）、取引先を含むビジネス上の関係先との間でより長期的な関係性を築くこと等が考えられます。

　他方、ビジネス上の関係先に対する影響力を欠いている場合には、共通の期待事項を伝達すること及び他の企業と協働して行動することにより、可能な限り影響力を強化するように努めるべきです。例えば、同一の取引先から調達を行う複数の企業間において、責任ある企業行動に関する共通の要件を設定し、共有するとともに、競争法に十分配慮した上で、共同で影響力を行使すること等が考えられます（OECDガイダンス（全般）79頁、Q40）。

Q38
Question　取引先との契約・取引関係の見直しは、どのように進めることが想定されていますか。

A
Answer　取引先との契約・取引関係の見直しに当たっては、人権の尊重に関連する規定（人権尊重規範）を取引基本契約に導入することが、有力な選択肢として考えられます（国連指導原則19解説、OECDガイダンス（全般）78頁、日弁連手引54頁）。

　企業は、自社が引き起こす人権侵害以外にも、取引先による人権侵害に加担することを回避しなければならないとされています（国連指導原則17解説）。こうした取組の一環として、自社のサプライチェーンにおける人権への負の影響について防止・軽減を図る観点から、取引先との契約・取引関係の見直しをることが重要となります。

　取引先との契約・取引関係の見直しの検討に際しては、ま
ず、自社内において人権尊重の方針を明確にすべきであり、必
要に応じて企業方針等の見直しを図る必要があります。例え
ば、多国籍企業行動指針（企業が活動をする上で適用される法律
及び国際的に認められた基準に則した責任ある企業行動の原則及び
基準）の原則と基準に基づき、人権方針を策定し、又は人権尊
重に関する現行の企業方針を見直すことなどが考えられます
（OECDガイダンス（全般）22頁、60頁）。

　次に、取引先が自社の人権方針に合致していることを確認し
た上で、その取引先における人権尊重の取組を担保するために
取引基本契約の中に人権尊重規範を盛り込むよう、取引先と交
渉することが考えられます（経産省指針22頁）。

　このようにして、人権尊重規範を取引先との契約に盛り込む
ことは、人権方針を経営システムに組み込むという意義をも有
しています（OECDガイダンス（全般）22頁、60頁）。

Q39
Question　取引基本契約に人権尊重規範を盛り込む場
合には、どのような内容を定めることが考えられますか。

A
Answer　取引先との取引基本契約に人権尊重規範を盛り込む場合に
は、人権尊重を宣言するだけの抽象的な内容ではなく、人権へ
の負の影響を防止させるために、一定の拘束力のある具体的な
内容を定めることが推奨されます。

　日弁連手引は、通常の取引基本契約に契約条項として人権尊

重規範を盛り込むことは少なく、規定されていたとしても、抽象的に人権を尊重することを宣言した規定が多く見受けられると述べています。その上で、人権尊重規範の内容が抽象的又は宣言的なものにとどまる場合には、サプライチェーンにおける人権・CSR配慮の取組が形骸化してしまう危険性があると指摘しています（同手引54頁）。そのため、取引先による人権尊重の取組を実効的なものとする観点からは、取引基本契約において、一定の拘束力のある具体的な契約条項を規定することが推奨されます（同手引54頁）。例えば、具体的な規定として、人権DD等のプロセスを実施することを義務付ける規定を設けること等が考えられます（同手引60頁）。

　他方、取引先を含むビジネス上の関係先の多くは、自社以外にも多くの顧客を有しています。このようなビジネス上の関係先に対して、顧客の全てが、互いに矛盾する人権尊重規範を課そうとすれば、取引先における対応の負担も大きくならざるを得ません。こうした負担に配慮する観点からは、取引基本契約の契約条項を検討するに当たって、顧客間で矛盾する要求事項を減らし、同一業種内で人権方針の内容や報告形式を共通化するなどの取組を、他の事業者と協働しつつ進めることが考えられます（OECDガイダンス（全般）60頁）。ただし、他の事業者との協働が競争法違反と判断されるリスクについて十分に検討を行う必要があります（Q40）。

Q40
Question
取引先に対して人権尊重規範の遵守を求める場合に、どのような点に留意する必要がありますか。

A
Answer
取引先に対して人権尊重に関する規定の遵守を求める場合には、競争法等の法令に抵触しないように、個別具体的な事情を踏まえながら、取引先と十分な情報・意見交換を行い、その理解や納得を得られるように努める必要があります（OECDガイダンス（全般）53頁、経産省指針12頁）。

人権尊重の取組を取引先に要請する場合に、取引先に一定の負担が生じることが想定されます。取引先に負担が及ぶことが問題というわけではありませんが、企業が、製品やサービスを発注するに当たり、その契約上の立場を利用して取引先に対し一方的に過大な負担を負わせる形で人権尊重の取組を要求した場合には、競争法等の法令に抵触する可能性があります。

例えば、日本において、企業がその契約上の立場を利用して取引先に一方的に過大な負担を負わせる行為は、「買いたたき」（下請法4条1項5号）や「不当な経済上の利益の提供要請」（独占禁止法4条2項3号）又は「優越的地位の濫用」（同法19条、2条9項5号）に該当し、下請法や独占禁止法に抵触するおそれがあります。

このように、取引先に対して人権配慮への取組を促すに当たっては、下請法や独占禁止法の規定に違反し、取引先いじめや取引先への責任転嫁をしていると受け止められないよう、慎重に対応することが必要です（日弁連手引65頁）。

そこで、企業は、個別具体的な事情を踏まえながら、取引先と十分な情報・意見交換を行い、その理解や納得を得られるように努めるとともに、下請法や独占禁止法を含む法令の違反とみなされかねない活動を回避するための事前措置を講ずるべきです（OECDガイダンス（全般）53頁）。

　なお、防止・軽減措置の一環として、取引先との取引を停止（Q44）する場面においては、競争法だけではなく、民事上の問題についても留意する必要があります。特に、継続的な契約において、取引先が契約の継続を期待して人的・物的投資をしている等の事情が存在する場合、継続的契約の法理が適用される可能性があり、契約解除の態様によっては、解除が無効であると判断されたり、取引先からの損害賠償請求が認められたりしかねません。そのため、相手方との契約の内容、契約期間、契約終了の必要性、信頼関係の程度等の事情を総合的に考慮した上で、慎重な対応が必要と考えられます。

Q41
Question
取引先の立場として、顧客から人権尊重規範の導入・遵守を求められた場合に、どのように対応することが考えられますか。

A
Answer
取引先からの要望に応じて、可能な範囲で、人権尊重規範の策定を受け入れ、これを遵守するように協力するべきですが、その態様によっては取引先から一方的に過大な負担やコストを強いられる可能性もあるため、弁護士等の専門家に相談しなが

ら、適切に対応することが推奨されます。

　近時は、諸外国において、人権DDの取組状況の開示や、人権DDへの取組を義務付ける法制化が進んでいます（Ｑ４）。こうした中で、多くのグローバルに活動する企業は、人権DDへの取組を進めています。グローバルなサプライチェーンに含まれる企業においても、その顧客が人権DDを行う義務を負うことに伴い、顧客から人権尊重の取組を行うよう要請されるケースが増えています。

　企業は、その規模や業種等にかかわらず、それぞれが人権への負の影響を特定し、対処する責任を負っています（国連指導原則一般原則、OECDガイダンス（全般）17頁、OECD多国籍企業行動指針31頁）。そのため、取引先から、取引基本契約における人権尊重規範の導入やその遵守を求められた場合には、できるだけ協力することが推奨されます。そのような取組は、取引先からの信頼を確保することにもつながると考えられます。

　他方で、双方の企業間にビジネス上の優位性があるような場合には、人権尊重規範の遵守を理由として、一方的に過大な負担やコストを強いられるケースも想定されます。例えば、人権への負の影響が生じたことが多額かつ広範な損害賠償責任や無催告解除の根拠になる、実務上の負荷の大きい報告義務を課される、人権への負の影響の調査・監査・モニタリングに関するコストを全て押し付けられる、等の条件を要求されるケースが考えられます。人権尊重の取組は重要ですが、これを理由として過度に行き過ぎたリスクやコストを負わされる契約等をそのまま受け入れなければならないわけではありません。契約の内

容を慎重に検討し、弁護士等の専門家に適宜相談を行いつつ、個別具体的な事情を踏まえながら必要に応じて取引先と協議・交渉することが推奨されます。

Q42
Question
教育・研修の実施には、どのような意義がありますか。どのような範囲に対して実施することが推奨されますか。

A
Answer
教育・研修の実施は、企業が人権尊重を果たすという基本方針を企業全体に定着させ、人権への負の影響の発生を防止する措置として重要です（OECDガイダンス（全般）75頁、Q16）。

企業は、人権への負の影響を防止・軽減するために、その影響評価の結論を関連する全社内部門及びプロセスに組み入れ、適切な措置を講ずることを求められています。そして、社内に効果的に組み入れるためには、負の影響に対処する責任のしかるべき部署への割当てと、負の影響に対処できる内部の意思決定、予算配分、及び監査プロセスを制度化するべきとされています（国連指導原則19(a)）。

多くの企業では職務分掌により多数の部署が存在しているため、企業が人権への負の影響に対処するには、各部署が人権尊重の共通意識を持ち、相互に連携、協力し合うことが不可欠です。企業全体に人権尊重の基盤を構築し、企業全体で負の影響に対する共通意識を醸成する方法として教育・研修は有用なものといえます（Q16）。

　例えば、オリエンテーションや研修等において、自社及び自社グループの従業員等に対して企業方針を伝えるとともに、認識を維持するために必要な間隔で定期的に周知することが考えられます（OECDガイダンス（全般）22頁）。その他、従業員に対する人権尊重の意識を定着させるために、社会的弱者を支援するようなボランティア活動を奨励する活動等を推奨することや、人材採用時に人権に関する考え方を確認することにより、人権擁護の姿勢を人事評価等に反映することも考えられます（日弁連手引41頁）。

　また、自社やグループ会社だけではなく、状況や必要に応じて、取引先等と共同で教育・研修を開催するなど、他社を教育・研修の対象とすることも考えられます。こうした他社への研修の実施は、自社の人権方針を関係先とのエンゲージメントに組み込む手法として用いられ得ます（OECDガイダンス（全般）24頁）。また、自社が引き起こしたり助長したりはしていないものの、他社による人権への負の影響に自社が直接関連している場合において、他社が人権への負の影響の防止・軽減を行うのを支援する手法としても用いられ得ます（OECDガイダンス（全般）30頁）。

Q43
Question
取引先において、人権に対する負の影響が
発見された場合には、どのような対応を選択肢とすること
が考えられますか。

A
Answer
　取引先において、人権に対する負の影響が発見された場合に
は、取引先に対して影響力を行使し、人権への負の影響を防
止・軽減させるように努める（国連指導原則19解説）とともに、
負の影響を防止・軽減できるように支援することが考えられま
す（OECDガイダンス（全般）80頁）。また、取引先との関係を
維持しながら負の影響を防止・軽減することができない場合に
は、最後の手段として取引の停止を検討することが考えられま
す（Q44）。

　企業は、取引先が人権への負の影響を生じさせている場合に
は、影響力を行使し、若しくは、影響力がない場合には影響力
を確保・強化することによって、その負の影響を防止・軽減す
るように努めることが求められています（国連指導原則19解説、
経産省指針21頁）。もっとも、企業が取引先に対して影響力を
行使するとしても、最終的には、他社自身が防止・軽減措置を
実施しなければならない場合も多く、そのような場合には、労
力、コスト等の経済的負担の問題により、防止・軽減措置を講
じることができないことも想定されます。また、企業から取引
先に対し、取引先の負担の下で防止・軽減措置を講じるように
強制させてしまうと、下請法や独占禁止法に抵触する可能性
（Q40）も考えられます。

　そこで、企業が、取引先が負の影響を防止・軽減できるように支援（OECDガイダンス（全般）80頁）する方法により、他社による防止・軽減措置の実現可能性を高め、相乗的かつ効果的に負の影響を防止・軽減させることも可能です。

　具体的には、次のような支援が考えられます（OECDガイダンス（全般）80頁、経産省指針21頁、日弁連手引63頁）。

・期限の定められた成果志向の是正措置計画を策定、実施するために、取引先又はビジネスパートナーと提携する。

・取引先又はビジネス上の関係先に対し、研修、経営システムの改善等の方法により、技術的指導を実施する。

・負の影響を防止するためのより広範なセクター又は地域レベルの活動に、取引先又はビジネス上の関係先が参加しやすいようにする。

・取引先又はビジネス上の関係先が現地のサービス提供会社と関係を構築しやすいようにする。

・是正措置計画の実施を支援するため、直接融資、低金利の貸付け、継続的調達の保証及び資金調達確保の支援等を通じ、取引先又はビジネス上の関係先が資金を調達しやすいようにする。

Q44
Question 取引先による人権侵害が確認された場合、即時に取引を停止することも許容されますか。

A
Answer
　取引先による人権侵害が確認された場合には、まずは取引先との関係を維持しながら負の影響を防止・軽減するよう努めるべきであり、取引の停止は最後の手段として検討されるべきです（国連指導原則19、経産省指針22頁、OECDガイダンス（全般）30頁、80頁）。

　人権への負の影響を生じさせている取引先との取引を停止すれば、その負の影響と自社との直接の関わり合いは解消されます。しかし、取引停止によって、負の影響それ自体が解決されるわけではありません。むしろ、負の影響への注視の目が行き届きにくくなったり、取引停止に伴って取引先の経営状況が悪化して取引先及びその先の従業員の雇用が失われる可能性があるなど、負の影響が更に深刻になったりする可能性もあります（経産省指針22頁）。

　また、取引先が、自社の事業にとって必要不可欠な製品又はサービスを提供しており、適当な代替供給源が存在しないなど、取引先との取引関係が極めて重要な場合には、実務的には取引停止は容易ではありません。

　したがって、取引停止を検討するに当たっては、取引先との関係を維持しながら負の影響の防止・軽減へ向けて影響力を行使するよう努めるべきであり、取引停止は、代替可能な手段がないようなやむを得ない場合に限り、最終的な手段として実施

されるべきです（経産省指針22頁、日弁連手引43頁）。

　具体的には、次のような段階的なプロセスにのっとった対応が考えられます（国連指導原則22解説、OECDガイダンス（全般）80頁、経産省指針23頁）。

・（取引先に）国内法、国際的な労働基準及び労働協約の条項を遵守させる。

・取引停止の段階的な手順を事前に取引先との間で明確にする。

・取引停止決定の裏付けとなる詳細な情報を、取引先の経営層及び労働組合が存在する場合はこれにも提供する。

・（可能であれば）取引先に対して取引停止に関する十分な予告期間を設ける。

　なお、取引先がその企業にとって極めて重要な取引先である等の理由により、直ちに取引の停止が不可能又は実務的に困難である場合には、取引先における人権への負の影響が解消されないからといって、直ちに取引を停止しなければならないわけではありません。もっとも、そのような場合であったとしても、企業には、人権への負の影響の深刻度等に応じた責任ある対応が求められます（経産省指針22頁、OECDガイダンス（全般）81頁）。具体的には、企業は、取引関係を終了すべきか否かを決定する前に、状況に変化が起こるかどうかを確認しておく必要があります。そして、取引先による侵害が長期にわたって継続し、その取引先との取引関係を維持している限りにおいて、企業は、影響を軽減するための継続的な努力をしていることを証明できるようにしておくべきです。さらに、取引関係を継続

することによって生じるレピュテーションリスク、財政上又は法律上の結果を受け入れる覚悟が必要です（国連指導原則19解説）。

Q45
Question

高い貧困率やマイノリティ集団に対する構造的差別等、企業が直接制御できない原因によって引き起こされた人権への負の影響についても企業は責任を負うのですか。

A
Answer
企業は、自らが直接制御できない原因により引き起こされた人権への負の影響に対して直接の責任を負うわけではありませんが、可能な限り、人権への負の影響を防止・軽減するように努めるべきです（国連指導原則19解説）。

例えば、児童労働のリスクを増大させる就学難及び高い貧困率、外国人、女性、マイノリティ集団に対する差別など、人権への負の影響の中には、企業が直接制御できない原因により引き起こされた構造的な問題が含まれています。このような構造的な問題は、政府の機能不全等を原因とするため、企業が構造的な問題に関連する人権への負の影響を防止・軽減すべき直接の責任を負うものではありません。

しかし、これらの構造的な問題は、企業の事業又はサプライチェーンにおける負の影響を増大させるリスクの一因となり得ます（OECDガイダンス（全般）76頁、経産省指針25頁）。構造的な問題に関連するリスクが存在する状況の中で企業活動を行

う決定をした企業は、構造的問題が生じている状況を利用したり助長したりして人権への負の影響を増大させることのないように、自社の企業活動の範囲を注意深く検討する必要があります。

　また、構造的な問題に関連する人権への負の影響を防止・軽減する上で、企業による取組が有効な場合もあります。具体的には、国際機関やNGO等による支援事業への参加や政府への働き掛け、複数セクターにわたる協働等の取組が考えられます（OECDガイダンス（全般）76頁）。

Q46
Question
追跡調査とは、どのようなことをするものですか。

Answer
企業は、自社のサプライチェーンにおいて特定された人権への負の影響に対して適切に対処しているか否かを検証・評価するために、人権への負の影響の特定、防止、軽減及び是正措置の実施状況及びその実効性について、追跡調査をする必要があります（国連指導原則20、OECDガイダンス（全般）40頁）。

追跡調査を行う主たる目的は、企業の人権方針が適切に実施されているか、及び企業が特定された人権への負の影響へ有効に対応したかについて追跡的に評価を行い、PDCAサイクルを回して人権DDのプロセスについて継続的に改善を進めていくことにあります。追跡調査は定期的に実施されるべきですが、重大な人権への負の影響が効果的に対処されていないことが判明した場合にも実施されるべきです（OECDガイダンス（全般）82頁）。

追跡調査を行う場合には、社会的に弱い立場に置かれ又は排除される可能性が高くなり得る集団又は民族に属する個人の人権への影響に対する対応の有効性の調査に、特に注力すべきとされています（国連指導原則20解説）。

Q47 追跡調査に際しては、どのような指標を用いることが考えられますか。

A 追跡調査を行うに当たっては、例えば以下のような指標を用いることが考えられます（OECDガイダンス（全般）82頁、経産省指針26頁）。

① 負の影響を受けたステークホルダーのうち、負の影響が適切に対処されたと感じているステークホルダーの比率

② （ビジネス上の関係先と）合意した対応事項のうち、予定されたタイムラインに従って実施された事項の比率

③ 特定された負の影響が再発した比率

また、日弁連手引は、追跡調査において用いる指標に対する考え方として、以下のような例を掲げており、実務上参考となります（日弁連手引44頁）。

① 人権擁護の取組に対する資源投入やプロセスの密度を表現する以下のような指標

・サプライヤー監査の実績数

・人権問題を含む行動規範に関する研修を受けた社員の比率

・救済手続にアクセスできる社員の比率等

② 取組成果や侵害事例数を代用する以下のような指標

・行動規範の違反事例数

・従業員調査により把握したハラスメントや差別を経験したとする社員比率

・人権侵害の懸念を原因に中止された契約数等

人権リスクは定性的な要素が多く、定量的に評価することが難しいという側面を有します。そのため、人権への負の影響に対する企業の取組の有効性について、適切に数値化し評価することは容易ではありません。しかし、PDCAサイクルを通じて継続的な改善を図る上では、できる限り適切な質的及び量的な指標を設定することが重要です。

　追跡調査において収集すべき人権尊重の取組に関する情報の中には、企業が保有する各種のデータ、企業内外のステークホルダーから得られる意見、及び苦情処理メカニズムを通じて抽出されたデータ等が含まれます（OECDガイダンス（全般）82頁、経産省指針26頁）。企業が情報を収集するための具体的な方法を検討する際には、企業の事業環境や規模、対象となる負の影響の類型や深刻度といった要素を考慮する必要があります。

Question　　追跡調査の手法には、どのようなものがありますか。

Answer　追跡調査の手法について、各種の指針・報告書等では、以下のような例が挙げられています（国連指導原則20解説、OECDガイダンス（全般）32頁、82頁、経産省指針26頁）。

①　企業内部又は第三者による定期的な監査を実施し、企業による人権への負の影響に対する対応の実施状況及びその有効性、並びに目標の達成状況等を確認する。

② ビジネス上の関係先に対する定期的な評価を実施し、人権リスクの防止・軽減策の実施状況及びその有効性を確認する。

③ 企業が人権への負の影響を引き起こし又は助長した場合、又はその可能性がある場合、労働者、労働者代表及び労働組合等の影響を受ける可能性があるステークホルダーと協議する。

④ 苦情処理メカニズムを通じて、負の影響を受けた個人から人権DDの実効性に関して直接フィードバックを得る。

⑤ グローバルレベルにおいては、リスクの高いサプライヤーや地域に関して、信頼できる報告書（ないしレポート）を毎年見直し、特定の人権リスクの防止や軽減に関する動向や改善状況等を確認する。

上記のような追跡調査の手法は、多くの場合、既存の社内プロセス（内部監査や報告等）に統合することが可能であり、また、人権尊重の取組を企業に定着させるためには統合することが推奨されます（国連指導原則20解説、OECDガイダンス（全般）82頁、経産省指針27頁）。その際には、他の経営課題に対して既に用いている手法を適用することも、有効な選択肢となります。例えば、環境や労働安全衛生の観点から内部監査を実施する際に、人権への負の影響を防止ないし軽減するために実施されている取組の効果についても対象に含めることや、サプライヤー等に対する定期的な調査に際して人権に関する項目を調査対象に含めることが考えられます。

追跡調査を実施すべき頻度は、対象となる人権への負の影響

の性質や深刻性に応じて変わります。例えば、人権への負の影響の深刻度が増すほど、対処の有効性を検証し見直すべき頻度も高くなります（OECDガイダンス（全般）82頁）。

Q49
Question　追跡調査の結果をどのように利用することが期待されますか。

A
Answer　企業は、追跡調査の結果得られた情報を利用することで、企業が実施した対応策が特定された人権への負の影響の防止・軽減に効果があったか、また自社の人権DDの取組をより実効的とするために改善すべき点は何か等について検討することが期待されます。

　もし企業が実施した対応策に効果がない又は不十分であるとの調査結果が得られた場合、人権DDのプロセスに関わる従業員や関連する外部のステークホルダーとの協議等を通じて、効果が得られなかった理由を把握することにつながります（OECDガイダンス（全般）84頁、経産省指針27頁）。

　追跡調査の結果を踏まえ、人権等の課題に対する取組の改善を図る対応について、OECDガイダンス（全般）は、以下のような例を挙げています（OECDガイダンス（全般）84頁）。
・企業のサプライヤー評価によって火災リスクが示されていなかったにもかかわらず、そのサプライヤーに火災が発生した場合、そのサプライヤーの火災リスクがどのように評価されたのかを見直す。

・贈賄禁止について社内研修等の管理策を実施していたにもか
かわらず、外部からの報告で贈賄が依然として行われている
ことを知った場合、今後違反をより確実に防止・軽減するた
めに内部統制を変更する。

Q50
Question　説明・開示とは、どのようなことをするものなのですか。

A
Answer　人権DDにおいて、説明・開示とは、人権DDへのコミットメントや、人権DDの方針・プロセス、人権DDを通じて発見された調査結果や成果等を、企業が外部に伝達することをいいます。その取組の内容は、ステークホルダーへの説明と、情報の開示の2つに大別することができます。

　このうちステークホルダーへの説明について、国連指導原則は、人権への影響についての対処方法について責任を取るため、企業は外部にこのことを通知できるように用意をしておくべきとしています（原則21）。また、経産省指針は、企業が、人権を尊重する責任を果たしていることを説明することができなければならないとしています。そして、企業が人権侵害の主張に直面した場合、なかでも負の影響を受けるステークホルダーから懸念を表明された場合には特に、自社の講じた措置を説明することができることが不可欠としています（経産省指針27頁）。このように、外部のステークホルダーから説明を求められた場合にきちんと説明をできるように準備をしておくことが、企業には求められています。

　次に、情報の開示について、国連指導原則は、企業に対して、人権尊重責任へのコミットメントを公に表明するととも

に、その事業や事業環境が人権に深刻な影響を及ぼすリスクがある場合、どのようにそれに取り組んでいるかを公式に報告するよう求めています（原則16、21）。また、経産省指針は、人権尊重の取組について、企業による情報開示への積極的な取組が期待されると述べています（同27頁）。

　なお、説明・開示を行う場合には、プライバシー、安全上の問題や、商取引上の機微情報、取引上の秘密保持及びその他の競争又はセキュリティに関する懸念事項に十分に配慮することが重要です（Q55）。

Q51
Question

人権DDにおいて、説明・開示を行うことには、どのような意義があるのですか。

A
Answer

　人権DDにおける説明・開示には、外部のステークホルダーへの透明性や説明責任を果たすという意義があります（国連指導原則21解説）。また、投資家、市民社会等のステークホルダーや、自社の事業活動から直接影響を受ける集団と、建設的かつ有意義なコミュニケーションを築いていくための基盤ともなります。さらには、人権DDの活動内容や成果等の開示が法律で義務付けられている場合には、その義務を履行するという意義があります。

　OECDガイダンス（全般）は、人権DDのプロセス、調査結果及び計画に関する情報を伝えることによって、企業は自らの行動及び意思決定に対する信用を築き、誠意を示すことができ

ると述べています（同19頁）。

　経産省指針は、人権尊重への取組についての情報開示は、仮に人権侵害の存在が特定された場合であっても、企業価値を減殺するものではなく、むしろ改善意欲があり透明性の高い企業として企業価値の向上に寄与するものであり、また、ステークホルダーから評価されるべきものでもあるとしています（同27頁）。

Q52
Question 　説明・開示の手法には、どのようなものがあるのですか。

A
Answer 　説明・開示の手法について、国連指導原則は、対面会議、ネットワークによる対話、影響を受けるステークホルダーとの協議、及び正式な公開報告書などの様々な形式があるとしています（原則21解説）。

　このうち、説明の手法について、OECDガイダンス（全般）は、面談、オンライン上の対話、権利保有者との協議、調査結果の労働組合との共有などを例として挙げています。その上で、関連する情報を、時宜を得て、文化に配慮した、アクセスしやすい方法によって伝えるべきとしています。情報伝達の方法を選択する際には、伝える相手は誰か、相手はどのようにして情報にアクセスできるか、アクセス上の障壁は何か、伝える相手の能力（言語、識字能力、場所、時間帯、連絡の可能性、技術的能力）等を考慮するよう促しています（同85頁）。

　また、開示の手法について、OECDガイダンス（全般）は、年次報告書、持続可能性報告書、企業の社会的責任（CSR）報告書、又はその他の適切な開示形式を挙げています（同33頁）。経産省指針は、情報開示の手段について、より日本企業に即した例示として、企業のホームページへの掲載や、統合報告書、サステナビリティ報告書、CSR報告書、人権報告書を作成して開示することが考えられるとしています。その上で、こうした情報提供は、定期でも非定期でもよいが、1年に1回以上であることが望ましいとしています（同28頁）。

Q53

開示を行う場合には、どのような観点から開示媒体を選択することが考えられますか。

A

　開示を行う場合の開示媒体の選択に際しては、各開示媒体について、想定される主なユーザーや、更新の時期・頻度、法的な位置付け等を踏まえることが考えられます。また、使用言語や、容易にアクセスが可能であるかといった点をも勘案することが期待されます。

　国連指導原則は、開示の在り方について、企業の人権への影響を反映するような、また想定された対象者がアクセスできるような形式と頻度であるべきとしています（国連指導原則21b）。また、OECDガイダンス（全般）は、開示の手法について、現地の言語の使用等、容易にアクセスが可能、かつ適切な方法によるべきとしています（同33頁）。この、アクセスしや

すいという意味は、物理的なアクセスの容易さだけでなく、理解しやすく、かつ意図された受け手の人々が確実に情報を知り、有効に利用できるようなタイミング、書式、言語、場所で開示されることでもあるとしています（OECDガイダンス（全般）85頁）。

　企業の開示媒体は、有価証券報告書等のいわゆる法定開示書類と、サステナビリティ報告書等のいわゆる任意開示書類に大別されます。このうち、有価証券報告書については、2022年6月13日に公表された「ディスクロージャーワーキング・グループ報告─中長期的な企業価値向上につながる資本市場の構築に向けて─」において、サステナビリティ開示に関する独立した記載欄を新設するとの方針が示されています。そして、有価証券報告書の記載欄では、投資家の投資判断に必要な核となるサステナビリティ情報を記載し、有価証券報告書の他の項目と適切に相互参照するとともに、必要に応じて詳細情報を記載した任意開示書類を参照することが考えられるとされています。この方針に従って同年11月7日に開示府令の改正案が公表されており、早ければ2023年3月期の有価証券報告書から改正開示府令が適用される見込みです。人権DDに関する取組は、サステナビリティ情報に含まれると考えられますので（コーポレートガバナンス・コード補充原則2－3①）、同報告の示した考え方に沿う形で、有価証券報告書と任意開示書類に、それぞれ人権DDに関する取組について記載することが考えられます。

　任意開示書類の例としては、統合報告書やサステナビリティ

報告書、CSR報告書などが存在します。また、人権DDへの取組について詳述したいと考える場合には、人権DDに関する独立の報告書として、人権報告書等を作成・公表することも選択肢として考えられます。

　また、近年は、ウェブサイトを通じた開示の実務も広がっています。ウェブサイトを用いる場合は、随時に内容を更新することが容易であり、法定開示及び任意開示の報告書が、おおむね1年に1回の頻度で作成・公表されているのと比較して、情報発信の適時性をより高く確保することができます。また、メニュー構成やナビゲーションの工夫によって、ユーザーが求める情報へ的確にアクセスすることをより容易にするとともに、インタラクティブ性を確保することができます。また、スマートフォンやタブレットなどのデバイスでも閲覧が容易となるよう、画像や文字のサイズを最適化することもできます。こうした特徴を踏まえると、法定開示書類や任意開示書類に加えて、ウェブサイトを通じた開示を併用することも、有力な選択肢であるといえます。

Q54
Question　開示を行う場合には、どのような内容を開示の対象とすることが考えられますか。

A
Answer　開示を行う場合には、人権DDの方針、プロセス及び活動内容に関する適切な情報を、それらの活動から発見された調査結果や成果を含めて、公表することが考えられます（OECDガイ

ダンス（全般）85頁）。

　国連指導原則は、企業に対して、人権尊重責任へのコミットメントを公に表明するとともに、その事業や事業環境が人権に深刻な影響を及ぼすリスクがある場合、どのようにそれに取り組んでいるかを公式に報告すべきであるとしています（原則16、21）。その上で、企業による公式報告は、人権へ深刻な影響を与えるリスクが存在する場合に、それが事業の性質のためであるのか、あるいは事業状況のためであるのかということについて述べることを期待されており、どのように企業が人権への負の影響を特定し対処するかに関する項目と指標を取り上げるべきであるとしています（原則21解説）。

　OECDガイダンス（全般）は、企業に対して、人権DDの方針、プロセス及び実際の又は潜在的な負の影響を特定しかつ対処するために行った活動に関する適切な情報を、それらの活動から発見された調査結果や成果を含めて、公表することを求めています。また、公開する情報として、責任ある企業行動に関する方針、責任ある企業行動を企業方針及び経営システムに組み込むために講じた措置、特定された重大リスク領域、特定され優先され評価された重大な負の影響又はリスク、優先順位付けの基準、上記のリスクを防止又は軽減するために行った行動に関する情報、可能であれば改善について見込まれていたタイムラインと指標及びその結果、実施状況及び結果を追跡調査する手段、並びに企業が行った是正措置又はそのための協力を挙げています（OECDガイダンス（全般）33頁）。

　国連指導原則の示す人権DDに関する開示の在り方について

は、2015年2月に、RAFI（人権報告と保証のフレームワーク・イニシアチブ）により、国連指導原則報告フレームワークが作成・公表されています。同フレームワークは、下表のAとCの包括的質問に実質的に回答し、下表のBの情報要件を満たすことが、情報開示の最低基準だとしています。企業が人権DDについて開示をする際には、このフレームワークで示されている内容がカバーされているかを確認・検討することが推奨されます。

項　目	質問・情報要件	人権DDとの関係
A　人権尊重のガバナンス	A1　方針のコミットメント：企業が、人権尊重へのコミットメントとして公式に述べていること（パブリック・コミットメント）は何か？	人権方針の策定
	A2　人権尊重の組込み：企業は、人権尊重のコミットメントの実施を重視していることを、どのように説明しているか？	人権方針の策定
B　報告の焦点の明確化	B1　顕著な人権課題の提示：報告対象期間の企業の活動及び取引関係に関連した、顕著な人権課題を提示する。	特定評価
	B2　顕著な人権課題の確定：顕著な人権課題がどのように確定されたかを、ステークホルダーからの意見も含めて説明する。	特定評価
	B3　重点地域の選択：顕著な人権課題に関する報告が特定の地域に重点を置く場合、どのようにその選択を行ったかを説明する。	特定評価
	B4　追加的な深刻な影響：報告対象期間に発生し、または引き続き取り組まれている人権への深刻な影響のうち、顕著な人権課題以外のものを特定し、その取組の	特定評価

		方法について説明する。	
C　顕著な人権課題の整理	C1　具体的方針：企業は顕著な人権課題に取り組む具体的な方針を有しているか、またそれはどのような方針か？		特定評価
	C2　ステークホルダー・エンゲージメント：顕著な人権課題のそれぞれに関し、企業はステークホルダー・エンゲージメントをどのように実施しているか？		ステークホルダーとの対話
	C3　影響の評価：顕著な人権課題の性質が時間の経過とともに変化する場合、企業はそれをどのように特定するか？		特定評価
	C4　評価結果の統合及び対処：企業は顕著な人権課題それぞれについての評価結果を、自社の意思決定過程及び行動にどのように統合しているか？		防止軽減
	C5　パフォーマンスの追跡：企業は、顕著な人権課題それぞれへの取組が実際に効果を上げているかどうかをどのように確認しているか？		追跡調査
	C6　是正：企業の行動や意思決定が、顕著な人権課題に関連して人々の人権を侵害している場合、企業は効果的な救済をどのように実行可能なものにしているか？		是正救済

Q55
Question　説明・開示を行う場合には、どのような点に留意すべきですか。

A
Answer　企業が人権DDに関する説明・開示を行う場合には、プライバシー・安全上の問題や、商取引上の秘密保持その他の競争又はセキュリティに関する懸念事項に配慮すべきです。

　国連指導原則は、人権DDに関する情報提供を行うに当たり、影響を受けたステークホルダー、従業員、そして商取引上の秘密を守るための正当な要求にリスクをもたらすべきではないとしています（国連指導原則21c）。

　また、OECDガイダンス（全般）は、情報の公開に当たり、取引上の秘密保持及びその他の競争又はセキュリティに関する懸念事項に十分に配慮すべきとしています（同33頁）。また、プライバシーや安全上の問題にも配慮すべきとしています（OECDガイダンス（全般）86頁）。

Q56

Question 是正（救済）とは、どのようなことをする
ものですか。

A

Answer 企業は、自社の活動が負の影響を引き起こしたこと、又は負
の影響を助長したことが明らかになった場合、正当なプロセス
を通じて是正するか、是正の実施に協力すべきことが求められ
ています（国連指導原則22）。他方で、企業が負の影響を引き
起こしておらずまた助長もしていないが、取引関係によってそ
の事業、製品又はサービスと負の影響が直接関連している場合
には、当該企業自体に是正の途を備えることまでは要求されま
せん（国連指導原則22解説）。経産省指針は、この場合には、負
の影響を引き起こし又は助長している他の企業に働き掛ける等
何らかの方法で負の影響を是正するように努めるべきであると
しています（同29頁）。

是正（救済）には、負の影響に対する是正実施のプロセス
（仕組み）を提供するという手続的側面と、負の影響を除去又
は補償するという実質的な成果をもたらすという実体的側面の
両方が存在します（OECDガイダンス（全般）88頁）。

手続的側面としては、負の影響を受けた権利保有者又はス
テークホルダーが苦情を申し立て、企業に対処を求めることが
できる正当性のある是正の仕組みを提供するか、その仕組みに
協力することが、企業には求められます（OECDガイダンス（全

般）35頁）。そのような仕組みは、国家基盤型の苦情処理メカニズム及び非国家基盤型の苦情処理メカニズム（事業型の苦情処理メカニズムを含む）に大別されます（Q60、Q61）。

　実体的側面としては、現実に生じた負の影響を除去し又は補償する具体的な是正措置が検討されるべきです。その例としては、謝罪、原状回復、リハビリテーション、金銭的又は非金銭的補償及び処罰的な制裁（罰金等の刑事罰又は行政罰）、行為停止命令又は（侵害行為を）繰り返さないという保証等による損害の防止が挙げられます（国連指導原則25解説）。個別具体的な状況においてどのような是正措置を選択することが適切かという点については、Q58において後述します。

　なお、是正（救済）は、人権DDを構成する要素ではなく、人権DDによって可能となり、また人権DDによって支えられるべき重要なプロセスであるとされています（OECDガイダンス（全般）88頁）。

Q57
Question

取引先や子会社等による人権への負の影響について、自社はどこまで是正することが想定されているのですか。

A
Answer

　企業は、取引先や子会社等において人権への負の影響が生じている場合でも、負の影響を自らが引き起こし又は助長しているのであれば、自ら是正するか、又は是正の実施に協力することとされています（国連指導原則22）。他方で、自社が人権へ

の負の影響を引き起こしたり助長したりしていないものの、自社の事業・製品・サービスが人権への負の影響と直接関連している場合には、当該企業は自ら是正することまでは求められていませんが、人権への負の影響を引き起こし又は助長している他の企業に対し働き掛けることを通じて、負の影響を防止・軽減するように努めるべきとされています（経産省指針29頁）。

Q58

Question 是正（救済）に当たり、人権への負の影響の除去又は補償を行う方法として、どのようなものが考えられますか。

A
Answer 人権への負の影響の除去又は補償を行うために検討されるべき是正措置には、謝罪、原状回復、リハビリテーション、金銭的又は非金銭的補償及び処罰的な制裁（罰金等の刑事罰又は行政罰）、行為停止命令又は（侵害行為を）繰り返さないという保証等による損害の防止が含まれます（国連指導原則25解説）。また、再発防止プロセスの構築・表明、サプライヤー等に対する再発防止の要請等も是正措置の内容に含まれます（経産省指針29頁）。

実際に生じた負の影響の除去又は補償を行うためにどのような種類又は組合せの是正措置が適切かは、負の影響の性質や影響が及んだ範囲によって異なります。より具体的には、以下のような要素を検討することが適切な是正措置を決定する上で有用です（OECDガイダンス（全般）34頁、88頁）。

① 負の影響の重大性や規模に鑑み、被害を受けた個人又は団体が、負の影響が発生しなかった場合に置かれたであろう状況に回復できるように努める。

② 適切な是正措置について定める国内法令や国際的な規範、又はそれに類する基準、ガイドラインが存在する場合には、それらを参照する。

③ 前記の法令、基準、ガイドライン等が存在しない場合には、類似の事例において実施された是正措置の前例を参照する。

④ どのような是正措置が適切かという点に関して、負の影響を受けたステークホルダーからの見解を得る。

Q59 是正（救済）のメカニズムにはどのようなものがありますか。

A 是正（救済）のメカニズムは、国家基盤型の苦情処理メカニズムと非国家基盤型の苦情処理メカニズムの２種類に大別されます。国家基盤型の苦情処理メカニズムは更に司法的メカニズムと非司法的メカニズムに分類されます。また、非国家基盤型の苦情処理メカニズムは、事業レベルの苦情処理メカニズムと地域的及び国際的人権機関によるメカニズムに分類されます。これらのメカニズムの詳細については、Q60、Q61をそれぞれ参照ください。

以上の種別を図示すると以下のようになります。

【図表】

| 国家基盤型苦情処理メカニズム (Q60) | 司法的メカニズム（裁判、仲裁等） |
| | 非司法的メカニズム（NCP等） |

| 非国家基盤型苦情処理メカニズム (Q61) | 事業レベルの苦情処理メカニズム |
| | 地域的・国際機関によるメカニズム |

Q60

Question 国家基盤型の苦情処理メカニズムにはどの

ようなものがありますか。

Answer 　国家基盤型の苦情処理メカニズムは、司法的メカニズムと非司法的メカニズムに分類できます。

　このうち司法的メカニズムの例としては、裁判（民事訴訟及び刑事訴訟を含む）、仲裁、労働審判等が挙げられます。国内において実効的な司法メカニズムを確保・整備することは、国家による人権保護義務の核心であり、国家は、救済へのアクセス拒否につながるような法的障壁（特定の集団の人権が法的保護の対象から除外される場合等）や実際的又は手続的な障壁（提訴コストが高く、政府の支援等を通じても合理的なレベルまで下げることができない場合等）を減らすための方策を考えるべきであるとされています（国連指導原則26）。

　次に、非司法的メカニズムの例としては、OECD多国籍企業行動指針に基づきOECD宣言の参加国に設置される連絡窓口（National Contact Point（通称NCP））、厚生労働省の個別労働

98

紛争解決制度、法務局における人権相談又は調査救済手続、外国人技能実習機構における母国語相談等が挙げられます。仮に司法的メカニズムの実効性が確保されている場合であっても、裁判等の司法的メカニズムにより人権侵害事案全てに対応することは不可能であり、また司法的救済が全ての人権侵害にとって望ましいアプローチであるとは考えられないことから、司法的メカニズムを補完するという意味において非司法的メカニズムも重要な役割を担っています（国連指導原則27解説）。

国連指導原則は、一般原則の冒頭において、人権及び基本的人権を尊重し、保護し及び実現するという国家の義務をうたっており、国家が（その領域内における）人権の保護義務の主体であることを明確にしています。また、国連指導原則25において、国家が、ビジネスに関連した人権侵害から保護する義務として、その領域及び／又は管轄内において人権侵害が生じた場合に、司法、行政、立法その他のしかるべき手段を通じて、影響を受ける人々が実効的な救済にアクセスできるように適切な措置を取るべきであるとしています。国家基盤型の苦情処理メカニズム（司法的メカニズム及び非司法的メカニズム）は、是正に向けた広範な制度の基礎を提供するという点で重要な意義を有します。

なお、国家が苦情処理メカニズムの整備等の義務を果たさない場合であっても、そのような国で事業を行うことを選択した以上、企業は自ら引き起こしたり助長したりした人権への負の影響に対して是正措置を実施すべき義務を免れるものではありません（OECDガイダンス（全般）89頁）。

Q61

Question 非国家基盤型の苦情処理メカニズムにはどのようなものがありますか。

A
Answer
　非国家基盤型の苦情処理メカニズムは、事業レベルの苦情処理メカニズムと地域的及び国際的人権機関によるメカニズムに分類されます。このうち事業レベルの苦情処理メカニズムについては、Q62において詳述します。

　地域的及び国際的人権機関によるメカニズムのうち、国際的人権機関によるメカニズムの例としては、人権関連条約の実施状況をモニタリングするために設置された国連の人権委員会（自由権規約により設置された自由権規約人権委員会等）や、国連の人権理事会の苦情処理手続（Special Procedures）に対する通報手続等が挙げられます。また、地域的なメカニズムの例としては、人及び人民の権利に関するアフリカ憲章（通称バンジュール憲章）により設置された人と人民の権利に関するアフリカ委員会（African Commission on Human and Peoples' Rights）に対する通報手続等が挙げられます。

Q62

Question 事業レベルの苦情処理メカニズムとはどの

ようなものですか。

A
Answer 事業レベルの苦情処理メカニズムとは、苦情への処理が早期になされ、直接救済を可能とするよう、負の影響を受けた個人及び地域社会のために、企業が確立または参加することを求められる苦情処理の仕組みをいいます（国連指導原則29）。

事業レベルの苦情処理メカニズムは、企業が人権尊重責任を果たす上で、2つの重要な機能を果たすものと考えられています（国連指導原則29解説）。

第一に、企業が継続的に実施している人権DDの一部として、人権の負の影響を特定することに役立ちます。企業は申立ての傾向やパターンを分析することで、組織体制の問題を特定し、その後の慣行をそれに合わせて修正することができます。

第二に、事業レベルで苦情を特定することで、負の影響をより早期かつ直接的に是正することが可能になります。そうすることで損害がより深刻化し、また苦情がエスカレートしていくのを防ぐことが可能になります。

事業レベルの苦情処理メカニズムを構築するに当たり、企業は、苦情処理を受け付け、解決するプロセスを策定する必要があります。このプロセスに含まれる内容としては、苦情処理の工程表、苦情解決に向けたタイムライン、合意に達しない場合や特に深刻な苦情に対する対応、苦情処理メカニズムの権限の範囲の確定、関連するステークホルダーとの協議、担当するス

タッフの配置等のリソースの提供、苦情処理メカニズムの実績の追跡調査等が挙げられます（OECDガイダンス（全般）35頁）。

事業レベルの苦情処理メカニズムを構築するに当たり、どのような点に留意すべきですか。

国連指導原則は、（国家基盤型の司法的メカニズムを除く）苦情処理メカニズムの実効性を確保するための要件として、以下の8要件を規定しています（国連指導原則31、経産省指針29頁）。企業が事業レベルの苦情処理メカニズムを設計・構築するに当たっても、これらの要件を検討する必要があります。

項　目	内　容
①　正当性	苦情処理メカニズムが公正に運営され、そのメカニズムが利用者であるステークホルダーより信頼されていること
②　アクセス容易性	苦情処理メカニズムの利用者であるステークホルダーに周知されており、例えば使用言語、識字能力、費用、所在地及び報復に対する恐れ等の視点からアクセスに支障がある者に対して適切な支援を提供すること
③　予測可能性	苦情処理の段階に応じて目安となる所要時間が明示された、明確で周知された手続を提供し、手続の種類や結果、（是正措置の）履行の監視方法が明確であること
④　公平性	申立人が、公正に、十分に情報を提供された状態で、敬意を払われながら苦情処理メカニズムに参加するために、必要な情報源、助言や専門知識への正当なアクセスが確保されるように努めていること

⑤ 透明性	申立人に手続の経過について十分な説明を行い、かつ手続の実効性について信頼を得て、危機に晒されている公共の利益に応えるために十分な情報を提供すること
⑥ 権利適合性	苦情処理メカニズムの結果及び是正の双方が、国際的に認められた人権に適合していることを確保すること
⑦ 継続的学習の源になること	苦情処理メカニズムを改善し、将来の苦情や人権侵害を予防するための教訓を得るために関連する手段を活用すること
⑧ エンゲージメント及び対話に基づくこと	苦情処理メカニズムの制度設計や成果について、利用者であるステークホルダーと協議し、苦情に対処し解決するための手段として対話に焦点を当てること

　このうち、⑧エンゲージメント及び対話に基づくことは、事業レベルのメカニズムについてのみ適用される要件ですが、企業が構築する苦情処理メカニズムにおいては、企業が訴えの対象でありながら、同時に苦情処理の結果を決定するという矛盾した立場に置かれることから、影響を受けるステークホルダーと苦情処理メカニズムの設計や成果について対話・協議することで、当該メカニズムが実際に活用され、首尾よく機能することに役立つものとされています（国連指導原則31解説）。

　事業レベルの苦情処理メカニズムは、企業により負の影響を受けるかもしれない個人及び地域社会が直接アクセスできるものである必要があり、また申立てを行うものに対してまず他の是正手段にアクセスするように義務付けるものであってはなりません。事業レベルの苦情処理メカニズムは、企業単独で又は関連するステークホルダーを含む他者との協働により、又は当事者双方に受入れ可能な外部の専門家や機関を介して提供する

ことが想定されています。このようなプロセス策定に当たり、申立てや苦情の形式要件を過剰に求めるべきではなく、また、司法的メカニズム等の他の苦情処理メカニズムの利用を排除ないし制限するような形で運用してはなりません（国連指導原則29解説）。

Q64 事業レベルの苦情処理メカニズムの利用者の範囲は、どのように考えるべきですか。

事業レベルの苦情処理メカニズムは、企業の活動により負の影響を受けることになるかもしれない個人及び地域社会が直接アクセスできるものである必要があるとされています（国連指導原則29解説）。そのため、苦情の申立てを行い得る利用者の範囲は、負の影響を受ける可能性がある当該企業のサプライチェーンのステークホルダー全般に及ぶと考えられます。

以上から、企業が事業レベルの苦情処理メカニズムを自ら確立する場合には、その利用者を当該企業及びそのグループ会社の役職員等に限定すべき理由はなく、直接又は間接のサプライヤーの従業員も利用することができる苦情処理メカニズムを設計・構築すべきと考えられます。加えて、グローバルなサプライチェーンを有する企業であれば、事業レベルの苦情処理メカニズムを、国内外のグループ企業の従業員及びサプライヤーの従業員等も利用できるようにするとともに、使用言語が苦情申立ての障壁にならないように複数言語対応を行うべきと考えら

れます。

　なお、企業自らの事業に関して提起された苦情と比べて、サ
プライチェーンに関連して提起された苦情については、利用可
能な是正措置の選択肢はより限定される可能性があります。こ
の場合にはマルチ・ステークホルダーによる苦情処理メカニズ
ムに参加する等、企業の事情に照らして実行可能でありかつ適
切な苦情処理手続を進める必要があります（OECDガイダンス
（全般）90頁）。

.

第 3 章

国内外の法制度等の状況

Q65
Question 人権DDに関連する法令は存在しますか。
何年から施行されていますか。(EU)

A
Answer 人権DDに関連する法令として、欧州委員会は、2022年2月23日、「コーポレート・サステイナビリティ・デューディリジェンスに関する指令案」（CSDD指令案）を公表しています。今後、同法案を基に、EU指令が制定・施行されるとともに、加盟国各国において国内法の整備が進められていく予定です。

EU域内においては、フランス、ドイツ、オランダなど、一部の加盟国が人権DDの法制化で先行しています。しかし、適用要件や義務の内容等がそれぞれ異なるため、統一的な立法の必要性が指摘されていました。EUレベルの取組としては、非財務報告指令（NFRD）が、環境、社会、人権に関連するリスク、影響、デュー・ディリジェンスを含む措置及び政策に関する報告義務を定め、これによって、間接的な形で持続可能なコーポレート・ガバナンスを促進していました。しかし、大多数の企業がバリューチェーンにおける悪影響を十分に考慮するには至っていないと指摘されていました（CSDD指令案3頁）。

そこで、①人権及び環境リスクの特定及び軽減プロセス（バリューチェーンに起因するものを含む）を企業戦略に適切に統合することにより、コーポレート・ガバナンスのプラクティスを改善すること、②EU域内でのデュー・ディリジェンスの義務

内容・要件を統一化し、ビジネスとステークホルダーのために期待される行動と責任について法的確実性を付与すること、③負の影響に対する企業の説明責任を強化し、責任ある事業活動に関するEUイニシアティブにおける義務との一貫性を高めること、④事業活動により人権や環境に対する負の影響を受けた人々の救済手段へのアクセスを改善すること、⑤バリューチェーンにも適用される、ビジネスプロセスにフォーカスした横断的な指標となることで、特定のサステイナビリティの課題や特定の産業に直接適用されるEUのその他の規制を補完すること等を目的として、CSDD指令案の導入が提案されました（CSDD指令案3頁）。

　もっとも、CSDD指令案は、直接企業を規制するものではなく、実際にはEU加盟国がCSDD指令案の内容に従って制定した国内法が企業を規制することになります。また、EU加盟国はCSDD指令案に適合するための法令を制定する義務を負うものの（同30条）、その具体的な内容について一定の裁量を有することとされています。CSDD指令案の公表時点では、ベルギー、オランダ、ルクセンブルク、スウェーデンにおいて、近い将来に法制化が行われることが見込まれています。

Q66

Question

対象企業の範囲はどのように定められていますか。(EU)

A

Answer

　CSDD指令案2条において、対象企業の範囲はEU加盟国、従業員数、売上高、業種を基準に以下のとおりとされています。

EU域内の企業（EU加盟国の法律に基づいて設立された企業）	次の要件のいずれかに該当する企業 ①　従業員500名超かつ全世界純売上高1.5億ユーロ超 ②　従業員250名超かつ全世界純売上高0.4億ユーロ超で、全世界純売上高の50%以上が高インパクトセクターで生じている
EU域外の企業（EU加盟国以外の法律に基づいて設立された企業）	次の要件のいずれかに該当する企業 ①　EU域内での純売上高1.5億ユーロ超 ②　EU域内での純売上高が0.4億ユーロ超で、全世界純売上高の50%以上が高インパクトセクターで生じている

　上述の高インパクトセクターには、繊維皮革系、農林水産業系、金属系の産業が該当するとされています。その具体的な内容は以下のとおりです。

①　生地、皮革及び関連製品（履物を含む）の製造業及び生地、衣類及び履物の卸売業

②　農業、林業、水産業（養殖業を含む）、食品製造業、農業用原材料、動物、木材、食品、飲料の卸売業

③　採掘場所を問わず、鉱物資源の採掘業（原油、天然ガス、石炭、亜炭、金属及び金属鉱石、その他全ての非金属鉱物及び採

石製品を含む）、基礎金属製造業、その他の非金属鉱物製品及び加工金属製品（機械及び装置を除く）の製造業、鉱物資源、基礎及び中間鉱物製品（金属及び金属鉱石、建設資材、燃料、化学品及びその他の中間製品を含む）の卸売業

人権DDを実施するための財務上・管理上の負担が大きいことを理由に、人権DDの実施義務を負う企業は大企業に限定されています。また、各加盟国に対して、CSDD指令案の義務を履行するための情報提供と支援を行うためのウェブサイトやプラットフォーム、ポータルの設置・運営を行うことが求められています。その際には、デュー・ディリジェンス義務の適用対象となる企業が取引先である中小企業に対して負担を転嫁することなどを防ぐために、中小企業に配慮する必要があるとされています（CSDD指令案14条1項）。

もっとも、直接的にはCSDD指令案の対象とならないとしても、適用対象となる企業と取引を行う場合には、多かれ少なかれCSDD指令案に沿った対応を求められることが予想されるため、中小企業においてもCSDD指令案の影響を受ける可能性がある点には留意する必要があります。

なお、CSDD指令の適用対象となるEU域外の企業は、事業を行うEU加盟国のいずれかにおいて設立された法人又は住所を有する自然人を代表者として指定し、その名称・氏名、住所、電子メールアドレス及び電話番号を、当該加盟国の監督当局に通知する必要があるとされています（CSDD指令案16条）。

Q67

Question どのような内容の人権を対象としているの

ですか。(EU)

A
Answer
　CSDD指令案では、以下の条約等に規定される権利を保護法
益としており（CSDD指令案別紙1、2）、人権だけでなく環境
に関する課題も対象とされている点に特徴があります。

1　人権に関する条約等

　①　世界人権宣言

　②　市民的及び政治的権利に関する国際規約

　③　経済的、社会的及び文化的権利に関する国際規約

　④　集団殺害罪の防止及び処罰に関する条約（ジェノサイド
　　　条約）

　⑤　拷問及び他の残虐な、非人道的な又は品位を傷つける取
　　　扱い又は刑罰に関する条約（拷問等禁止条約）

　⑥　あらゆる形態の人種差別の撤廃に関する国際条約（人種
　　　差別撤廃条約）

　⑦　女子に対するあらゆる形態の差別の撤廃に関する条約
　　　（女子差別撤廃条約）

　⑧　児童の権利に関する条約

　⑨　障害者の権利に関する条約

　⑩　先住民族の権利に関する国際連合宣言

　⑪　民族的又は種族的、宗教的及び言語的少数者に属する者
　　　の権利に関する宣言

　⑫　国際的な組織犯罪の防止に関する国際連合条約、及び、

国際的な組織犯罪の防止に関する国際連合条約を補足する人（特に女性及び児童）の取引を防止し、抑止し及び処罰するための議定書（国際組織犯罪防止条約、国際組織犯罪防止条約人身取引議定書）

⑬　労働における基本的原則及び権利に関するILO宣言

⑭　多国籍企業及び社会政策に関する原則の三者宣言

⑮　ILO中核8条約（87号、98号、29号、105号、138号、182号、100号、111号）

2　環境に関する条約等

①　生物の多様性に関する条約

②　絶滅のおそれのある野生動植物の種の国際取引に関する条約（ワシントン条約）

③　水銀に関する水俣条約

④　残留性有機汚染物質に関するストックホルム条約（POPs条約）

⑤　国際貿易の対象となる特定の有害な化学物質及び駆除剤についての事前のかつ情報に基づく同意の手続に関するロッテルダム条約（PIC条約）

⑥　オゾン層保護に関するウィーン条約及びモントリオール議定書

⑦　有害廃棄物の国境を超える移動及びその処分の規制に関するバーゼル条約

法律の適用範囲はバリューチェーン全体に

及びますか。(EU)

CSDD指令案の適用範囲は、対象企業のバリューチェーン全

体に及びます。ただし、「確立された事業関係(established

business relationships)」から生じる影響に限定されています。

　CSDD指令案において、企業は、自社又は子会社の事業、及

び確立された事業関係から生じる人権及び環境に対する現実的

又は潜在的な負の影響を特定するための適切な措置を講じる必

要があるとされています(同6条)。ただし、高インパクトセ

クター(Q66)に該当することでCSDD指令案の対象となる企

業については、当該産業に関連する負の影響のみが対象となる

とされています。

　この「事業関係」とは、請負業者、下請業者又はその他の法

人で、①企業が商取引契約を締結している相手方、又は企業が

融資、保険若しくは再保険を提供している相手方、②企業のた

めに、又は企業を代理して企業の製品・サービスに関連する業

務を行っている者を意味するとされています(CSDD指令案3

条(e))。そして、「確立された事業関係」とは、直接的か間接的

かを問わず、関係の強度及び期間の長さに鑑みて持続的である

又は持続的であると予想される、バリューチェーンのごく一部

又は単なる付随的な部分ではない「事業関係」と定義されてい

ます(CSDD指令案3条(f))。

　このように、CSDD指令案の適用範囲は、バリューチェーン

の全てを含み、直接的な取引先だけでなく間接的な取引先も含まれる点において国連指導原則に沿った広範な範囲になっています。ただし、「確立された事業関係」という限定があるため、例えば企業が取引先を定期的に変更することなどにより、CSDD指令案の適用を逃れることが可能になるのではないかという問題が考えられます。

企業は何をする義務を負うのですか。(EU)

CSDD指令案は、企業に対して、人権DD及び環境DDを実施するよう要請しています。具体的に実施すべき内容は、以下のとおりです(同4条)。

① デュー・ディリジェンスに関する基本方針の策定(同5条)

② 人権及び環境に関する実在する又は潜在的な負の影響の特定(同6条)

③ 潜在的な負の影響の防止措置(同7条)

④ 実際の負の影響に対する是正・停止措置(同8条)

⑤ 苦情処理手続の策定及び実行(同9条)

⑥ デュー・ディリジェンスの方針及び各措置の有効性についてのモニタリング(同10条)

⑦ 自社ウェブサイト上で年次報告書を開示することによる、デュー・ディリジェンスの取組等についての公表(同11条)

⑧ 適用対象となる EU 域内の企業の取締役が善管注意義務を果たすに当たって、持続可能性に関する課題を考慮し、

デュー・ディリジェンスに関する企業行動を実行し監督する責任を負い、実際の又は潜在的な負の影響を考慮に入れる企業戦略を採用するように、段階的に対応すること（同25条１項、26条１項)

⑨　EU域内外の第一グループに属する企業における、パリ協定に基づいた「1.5度目標」を達成するための計画の採択（同15条）

以上の実施すべき項目のうち、人権DDに関する内容は、国連指導原則やOECDガイダンス（全般）で求められている人権DDの実施要項に沿ったものとなっています。

このうち、報告義務については、CSDD指令案11条において、EU指令2013/34/EUに基づき非財務情報の開示義務の対象ではない企業は、ウェブサイト上で年次報告書を掲載して、一定の事項を開示する必要があるとされています。当該年次報告書は、毎年４月30日までに発行する必要があるとされています。

また、欧州委員会は、デュー・ディリジェンスや実際の及び潜在的な負の影響と実施されたアクションの詳細に関する情報を特定し、開示の内容及び基準に関する委任法令を採択しなければならないとしています。

Q70
Question
違反すると何が起きますか。刑事罰・行政罰・民事責任のそれぞれについて教えてください。(EU)

A
Answer

　EU域内の企業については、当該設立国が監督権限を有します。EU域外の企業については、支店が存在する国が監督権限を有しますが、支店が存在しない場合や支店が複数存在する場合は、売上高が最も多いEU加盟国が監督権限を有することとなります。

　違反企業に対する制裁は各EU加盟国に委ねられており、CSDD指令案が遵守されることを確保するために必要な措置を講じるものとされています（同20条）。当該制裁は、違反行為に均衡し、効率的かつ予防効果のあるものである必要があり、金銭制裁については、清算金の額は会社の売上高に基づくものでなければならないとされています。

　また、企業が、潜在的な負の影響の防止・軽減義務や実際の負の影響の停止・最小化義務に違反し、それにより第三者に対して回避又は軽減し得た損害を生じさせた場合、企業は当該損害を賠償する責任を負います（CSDD指令案22条）。

　ただし、CSDD指令案に定める一定の措置を講じていた場合、確立された事業関係を有する間接的なパートナーの活動から生じた損害については、現実に実施した行動が具体的な状況に照らして負の影響を防止・軽減・停止又は最小化するために十分なものであると予想することが不合理ではないときには、責任が免除されるとされています。また、民事責任の存否や責任範

囲の判断に当たっては、当該損害と直接の関係がある限りにおいて、監督当局から求められた是正措置の実施状況、負の影響の防止・軽減・停止又は最小化のために行った投資や支援、他の法人との協力活動等が考慮されるとされています。

　なお、EUの指令（Directive）は、加盟国の政府に対して国内法の整備等の対応を指示するものであって、加盟国の企業や個人等に直接適用されることはありません。そのため、企業等がCSDD指令の内容に違反した場合、厳密にはCSDD指令ではなく、加盟国各国の法令に基づき処罰されることとなります。CSDD指令案の公表時点では、ベルギー、オランダ、ルクセンブルク、スウェーデンにおいて、近い将来に法制化が行われることが見込まれています（Q65）。

Q71
Question
諸外国の法令と比べてどのような特色がありますか。（EU）

A
Answer
　CSDD指令案は、対象となる企業がEU域内だけでなく、一定のEU域外の企業も対象となる点に特徴があります。もっとも、直接的にCSDD指令案の対象とならない場合であっても、対象となる企業と取引を行う際には、同指令案に基づいた対応を要請される可能性が高いため、間接的に同指令案の規制に服する可能性がある点には留意が必要です。

　また、CSDD指令案は、人権だけでなく環境も保護法益とされている点、上流だけでなく下流を含むバリューチェーン全て

が対象とされている点において、これまでの諸外国の人権DD
規制より広範な義務が課されていると評価されています。

　他方で、CSDD指令案の適用対象は、「確立された事業関係」
から生じる影響に限定されている点には留意が必要です
（Q68）。

Q72
Question

人権DDに関連する法令は存在しますか。
何年から施行されていますか。（英国）

A
Answer

　英国では、2015年3月に現代奴隷法（以下「英国現代奴隷法」
といいます）が制定され、同年9月から施行されています。

　2013年9月、英国は他国に先駆けて、国連指導原則の3つ
の柱（人権保護に関する政府の責任、企業に求められる人権尊重、
救済措置）を受けて、多様な分野における人権保護に関連した
既存の法制度や国内外の取組などを確認・推進するという内容
を含んだ国別行動計画を公表しました。

　この国別行動計画に沿って、2015年に英国現代奴隷法が制
定・施行されました。同法は、奴隷・隷属、強制労働及び人身
売買を犯罪行為とするとともに、一定の要件を満たす企業に対
し、奴隷及び人身売買に関する報告書の作成義務を課していま
す（同法54条）。

　2020年9月22日に英国内務省から公表された「サプライ
チェーンの透明性に関する意見聴取に対する政府回答」
（Transparency in supply chains consultation Government re-
sponse）は、企業等の透明性の高い取組を、より強い強制力
を伴って促進することを意図して、英国現代奴隷法の改正を提
案しています。その中では、報告書の公表の義務化や公表時期
の統一、違反に対する民事罰の導入などが議論されています。

もっとも、具体的な改正時期は本書の執筆時点では示されておらず、今後更なる議論がなされていくものと思われます。

Q73

Question 対象企業の範囲はどのように定められていますか。(英国)

A Answer 英国現代奴隷法は、設立地・所在地や業種にかかわらず、①法人又は組合で、②英国において事業の全て又は一部を行っており、③商品又はサービスを提供していて、④年間の売上高が3,600万ポンド以上の組織を対象として、報告義務を課しています(法54条2項、12項、サプライチェーンの透明性に関する英国現代奴隷法規則2条)。

これらの要件のうち、②英国内において事業の全部又は一部を行っているかどうかについては、個々の事例における事実に即して最終的には英国の裁判所が判断することになります。英国政府が策定した「サプライチェーンの透明性に関する実務ガイダンス」(Transparency in supply chains: a practical guide、以下「実務ガイダンス」といいます)は、この要件は基本的にはコモン・センス・アプローチにより判断され、英国において明白な事業実態があるか否かが基準となると述べています(同3.5ないし3.8)。

また、④の年間の売上高は、当該企業の売上高と当該企業の子会社の売上高を合算して算出されます(英国内外の子会社を含みます)。ここでいう売上高(Turnover)とは、全世界の年間

売上高から売上値引や付加価値税等の税金を控除した金額を意味するとされています（サプライチェーンの透明性に関する英国現代奴隷法規則3条、実務ガイダンス3.2、3.3）。

　例えば、フランチャイズの場合、フランチャイザーとフランチャイジーは別個独立の商業組織であり、また、後者は前者の子会社でもないことから、売上高は別個に算定されることとなります（実務ガイダンス3.9）。

　なお、英国現代奴隷法の定める報告義務の適用対象外となる企業についても、同法上求められる対策を自主的に取ることが推奨されています（実務ガイダンス3.14）。

Q74
Question

どのような内容の人権を対象としているのですか。（英国）

A
Answer

　英国現代奴隷法は、奴隷及び隷属、強制労働、人身取引という3つの類型の人権侵害を規制の対象としています。

① 　奴隷（slavery）及び隷属（servitude）（同法1条1項(a)）……奴隷とは、他者によって所有権が行使されているかのように自由を奪われた人の状態又は地位のことを意味します（1926年奴隷条約1条）。隷属とは、強制力を用いてサービスを提供する義務を課されている状態であり、「奴隷」として他人の財産で生活することを強いられる状態や、そうした強制力の下に置かれている状態を変えることが不可能である状態が含まれます。

② 強制労働（forced or compulsory labour）（同法1条1項(b)）……直接的な暴力による脅し又はより捉えにくい形により強制される労働のことを意味します（1930年ILO強制労働条約）。何らかの罰の脅しの下で、自発的に申し出たものではない仕事又はサービスが強要されていることが、強制労働かどうかを判断するための重要な要素となります。

③ 人身取引（human trafficking）（同法1条2項）……他人が搾取されることを意図して、当該他人の移動を手配又は促進することを意味します。

Q75

Question 法律の適用範囲はサプライチェーン全体に及びますか。（英国）

A Answer 英国現代奴隷法の報告義務の適用範囲はサプライチェーン全体に及びます。サプライチェーンには、サプライチェーンに連なる英国内外の子会社を含み、一次サプライヤーだけでなくそれ以降のサプライヤーも含まれるため、その対象範囲は広範にわたります。

このような広範なサプライチェーンにおいて、現代奴隷と人身取引が発生しないことを確保するための措置を実施し、その内容を報告するには、適切な人権DDを実施する必要があります。実務ガイダンスでは、人権DDにおいて、企業の事業やサプライチェーンによって影響を受ける可能性がある、又は、実際に影響を受けるステークホルダーとの協議が必要とされてい

ます。また、人権DDにおいて、独立した専門家、第三者、及び社会のステークホルダーの支援を受けて調査を実施し、労働条件について労働者自身から話を聞くことが推奨されています（同Annex E）。

企業は何をする義務を負うのですか。（英国）

英国現代奴隷法は、サプライチェーンの透明性を確保するために、対象企業に一定の報告義務を課しています。具体的には、⑴自社の事業及びサプライチェーンにおいて、現代奴隷と人身取引が発生しないことを確保するために前会計年度中に取った措置、及び⑵この措置を取らなかった場合、当該措置を取らなかったことについて報告する必要があるとされています（同法54条4項）。

この報告の方法について、対象企業等がウェブサイトを有する場合は、ウェブサイト上で報告を行わなければならないとされています（同法54条7項）。ウェブサイト上で報告を行う場合、（ウェブサイト上の）関連する既存の広報、文書又はポリシーへ適切なリンクを張ることが認められていますが（実務ガイダンス4）、直接目立つ場所やドロップダウンメニューの一部などのサイト上の目立つ場所に"Modern Slavery Act Transparency Statement"のような表題のリンクを張らなければならないとされています（実務ガイダンス7.3）。

対象企業等がウェブサイトを有しない場合には、書面による

要請を受けてから30日以内に当該要請を行ったものに対して報告書の写しを交付しなければならないとされています（同法54条8項、実務ガイダンス7.1）。

　報告時期について、これらの報告は、会計年度末から6か月以内に行うことが求められています（実務ガイダンス7.4）。

　また、報告の内容について、取締役会又はその類似会議体による承認と、取締役又はそれに相当する者の署名が必要とされています（同法54条6項）。

Q77
Question 　違反すると何が起きますか。刑事罰・行政罰・民事責任のそれぞれについて教えてください。（英国）

A
Answer 　英国現代奴隷法には、報告書の公表を行わない企業に対して、直ちに罰則等を科す規定は存在しません。しかしながら、同法で義務付けられる報告書の公表を行わない場合、英国高等法院は英国現代奴隷法の遵守を求める強制履行命令を発することができるとされています（同法54条11項）。仮に対象企業が命令に従わなかった場合には、法廷侮辱罪に問われる可能性があります（実務ガイダンス2.6）。ただし、2022年4月に公表された英国現代奴隷法に関する英国政府の年次報告書によれば、同義務違反に対して英国政府が強制履行命令を発した事例はこれまで存在しないとのことです（Independent Anti-Slavery Commissioner Annual Report 2021–2022第3.4.1項）。

　実務ガイダンスは、法定侮辱罪に基づいて無制限の罰金を科

すことは可能であるものの、実質的には、市民社会からの圧力に期待しており、求められる対応を行わない企業にはレピューテーションリスクがあることを前提に、対応を促進しようとする狙いがあると述べています（同2.6ないし2.8）。

Q78
諸外国の法令と比べてどのような特色がありますか。（英国）

英国現代奴隷法は、対象とする人権が、奴隷及び隷属、強制労働、人身取引など現代奴隷に関するものに限定されているという特徴を有しています。ここでいう現代奴隷とは、歴史上見られるような身体拘束を伴う奴隷に限られず、様々な態様で不当に搾取されている人々を意味しています。日本においてはイメージがしにくいところかと思いますが、ILOの推計では、世界中で4,000万人が現代奴隷の状態にあるとされており、現代奴隷は深刻な社会課題であると考えられています。

　また、英国現代奴隷法は、奴隷及び人身売買に関する報告書の公表を義務付けているものの、奴隷及び人身売買に関する人権問題への具体的な対処までを義務付けていないという特徴を有しています。この点について、実務ガイダンスは、企業の人権問題への対処が十分でない場合には、消費者、投資家及びNGOが企業と対話し、企業へ圧力を掛ける役割を果たすだろうと述べています（同2.8）。

　さらに、英国現代奴隷法は、報告書の公表義務に違反したこ

とに対する直接的な罰則規定を有していないという特徴を有しています。もっとも、Q70で述べたとおり、報告書の不公表に対する民事罰の導入の方針が示されている点に留意する必要があります。

Q79
Question
人権DDに関連する法令は存在しますか。
何年から施行されていますか。(ドイツ)

A
Answer
　ドイツでは、人権DD等の実施を義務付ける法令が2021年に制定されており、2023年1月1日付けで施行されています。

　国連指導原則をドイツ国内で実施していくための初めのステップとして、ドイツ連邦政府は2016年12月に国別行動計画を公表し、「50％以上の企業における人権DDの導入」を達成目標に掲げました。しかし、ドイツ連邦政府が2018年から2020年にかけてドイツを拠点とする企業の人権DDの実施状況を調査したところ、国別行動計画の要求事項を遵守している企業の率は低く、達成目標を大きく下回ったため、人権DDに係る法的義務を課す立法に向けた議論が継続的に進められてきました。

　その結果として、ドイツサプライチェーン・デューディリジェンス法（Lieferkettensorgfaltspflichtengesetz、以下「ドイツサプライチェーンDD法」といいます）が2022年6月21日にドイツ連邦議会で承認され、2023年1月1日から施行されています。

Q80 対象企業の範囲はどのように定められていますか。（ドイツ）

A
Answer
ドイツサプライチェーンDD法は、以下の要件を満たす企業に適用されます（同法1条1項）。

① ドイツ国内に管理本部、主たる事業所、本店を有し、かつ通常少なくとも3,000人以上の従業員をドイツ国内で雇用している場合、又は

② ドイツ国内に支店を有し、かつ通常少なくとも3,000人以上の従業員をドイツ国内で雇用している場合

なお、2024年1月1日より、上記の従業員数3,000人という基準は、1,000人に引き下げられることが決まっており、対象企業の適用範囲が拡大される予定です。

上記の従業員数の計算に当たっては、6か月超雇用される臨時従業員、同じ結合企業に所属する全ての従業員のうちドイツ国内で雇用されている者、及び一時的にEU域内の他の国に派遣されている従業員も全て計算に含めるものとされています（同法1条2項、3項等）。なお、ここでいう結合企業（Affiliated Enterprises）とは、親子会社、支配・被支配会社、グループ企業、株式持合企業等を広く含む概念です（ドイツ株式会社法15条）。

なお、ドイツサプライチェーンDD法における「支店」の意義は必ずしも明確ではありませんが、外国企業がドイツ国内に保有する子会社（subsidiary）や支店（branch）はこれに該当するものと考えられます。

どのような内容の人権を対象としているの

ですか。（ドイツ）

Answer

　ドイツサプライチェーンDD法は、児童労働や強制労働と

いった特定の種類の人権侵害のみを対象とするものではなく、

人権保護に資する一般的かつ包括的なメカニズムを策定するこ

とを目的としています。

　ドイツ人権法は、同法附属書に列挙されている国際条約によ

り保護されている権利を、その保護の対象としています（同法

２条１項）。このリストには、経済的、社会的及び文化的権利

に関する国際規約（社会権規約）や市民的及び政治的権利に関

する国際規約（自由権規約）等の国際人権規約に加えて、ILO

のいわゆる中核的労働基準を定めた８条約が列挙されています。

　ドイツサプライチェーンDD法が保護の対象とするリスク

は、①人権侵害リスクと②環境関連リスクの２種類に大別され

ます。

1　人権侵害リスク

　ドイツサプライチェーンDD法上、人権侵害リスクとは、以

下の禁止項目のいずれかに対する違反について事実上の状況に

基づき十分な蓋然性があることをいうものと定義されています

（同法２条２項１号ないし11号）。

① 児童労働の禁止（対象の児童が15歳又は法定の労働可能年齢のいずれかを下回る年齢の場合）

② 最悪の形態の児童労働の禁止（対象の児童が18歳未満であり、奴隷労働、人身売買、性的労働等を伴う場合）

③ 強制労働の禁止

④ いかなる形態の奴隷制又はそれに類似した慣行の禁止

⑤ 労働安全衛生に関する基準違反

⑥ 結社の自由の保護に関する違反

⑦ 従業員に対する差別の禁止

⑧ 適切な生活賃金（最低賃金以上）の未払の禁止

⑨ 健康被害等につながる有害な土壌汚染、水質汚染、大気汚染、騒音及び過剰な水消費の禁止

⑩ 土地や森林等の不法の簒奪、住民の立ち退き等の禁止

⑪ 企業のプロジェクトを保護するために用いられる、拷問等の残虐な手段を用いた民間又は公的な警備の利用の禁止

2 環境関連リスク

　ドイツサプライチェーンDD法は、人権侵害リスクとは別個に環境関連リスクをその保護対象にしており、環境関連リスクとは、以下の条約で禁止されている項目（例えば水銀に関する水俣条約で禁じられている水銀添加製品の製造や製造工程における水銀及び水銀化合物の使用の禁止等）の違反について事実上の状況に基づき十分な蓋然性があることをいうものと定義されています（同法2条3項）。

① 水銀に関する水俣条約

② 残留性有機汚染物質に関するストックホルム条約

③ 有害廃棄物の国境を越える移動及びその処分の規制に関するバーゼル条約

　前記のとおり、ドイツサプライチェーンDD法は、典型的な人権侵害リスクのみならず、人権侵害を伴う可能性の高い環境関連リスクをその保護対象としています。同法の適用対象となる企業のみならず、当該企業と取引を行う企業においても、他国の人権DD関連法規と比べて、ドイツサプライチェーンDD法の保護対象の広範さを十分に念頭に置いて、慎重に対応を検討する必要があります。

Q82 Question　法律の適用範囲はサプライチェーン全体に及びますか。(ドイツ)

A Answer　ドイツサプライチェーンDD法は、企業のサプライチェーン全体に適用されるものとされています（同法3条）。同法においては、サプライチェーンとは、企業の全ての製品及びサービスに関するものをいい、原材料の採掘から顧客への配送に至るまで、製品の生産やサービスの提供に必要となるドイツ国内外における全ての過程が含まれるものと定義されています（同法2条5項）。

　ドイツサプライチェーンDD法の適用対象となるサプライチェーンには、①企業が自社の事業領域内 (in its own busi-

ness area）で実施する行為、②直接供給者（direct supplier）
による行為、及び③間接供給者（indirect supplier）による行
為が含まれるとされています（同法 2 条 3 項）。各用語は、同法
において以下のとおり定義されています。

①　自社の事業領域内で実施する行為とは、企業が事業目的を
　　達成するためのあらゆる活動を対象としており、ドイツ国内
　　外のいずれの場所で行われるかを問わず、製品及びサービス
　　の生産及び開発のためのあらゆる活動が含まれます（同法 2
　　条 6 項）。また、結合企業においては、親会社の事業領域に
　　は、親会社がグループ会社に対して決定的な影響力を有する
　　場合の当該グループ会社による活動を含みます。
②　直接供給者とは、企業による製品の生産又は関連するサー
　　ビスの提供に必要となる物の供給又はサービスの提供を約す
　　る契約の相手方を指します（同法 2 条 7 項）。
③　間接供給者とは、直接供給者には該当しないものの（つま
　　り直接の契約関係はないものの）、その供給品が企業による製
　　品の生産又は関連するサービスの提供に必要となる企業を指
　　します（同法 2 条 8 項）。

Q83
Question 　企業は何をする義務を負うのですか。（ド
イツ）

A
Answer 　ドイツサプライチェーンDD法は、企業に対し、人権侵害リ
スク又は環境関連リスクを防止又は最小化すること、また人権
又は環境に関連する義務違反を終了させることを目的として、
人権DD及び環境関連DDを実施すべきとしています。これら
のデュー・ディリジェンスの義務には、以下の項目が含まれま
す（同法３条１項）。

① リスク管理システムの構築	企業は、デュー・ディリジェンス義務を遵守するために適切かつ効果的なリスク管理体制を構築し、事業プロセスに反映させる必要があります（同法４条１項）。
② 企業内における責任者の選定	企業は、人権等のリスク管理を行う担当者を決定しなければならず、上級管理職は、少なくとも年に１回当該担当者の執務状況について報告を受ける必要があります（同法４条３項）。
③ 定期的なリスク分析の実施	企業は、適切にリスク分析を行い、自社の事業領域内又は直接供給者における人権侵害リスク又は環境関連リスクを特定し、優先順位付けを実施する必要があります（同法５条）。この分析は年に１回行う必要があり、またリスクの状況が大きく変化又は拡大した場合には臨時に行う必要があります。
④ 基本方針の公表	企業は、上級管理職による承認を受けた人権戦略に関する基本方針を公表する必要があります（同法６条２項）。
⑤ 自社の事業領域内における防止措置の実施	企業は、自社の事業領域内において、基本方針に記載された人権戦略の実施、適切な調達戦略及び慣行の策定及び実施、トレーニングの実施等の防止措置を実施する必要があります（同法６条３項）。

⑥ 直接供給者に対する防止措置の実施	企業は、直接供給者に対して、サプライヤーの選別時に人権関連ないし環境関連の期待事項を考慮すること、当該期待事項の遵守及び違反時の適切な対応について契約上直接供給者に保証させること、トレーニングの実施等の防止措置を実施する必要があります（同法6条4項）。
⑦ 是正措置の実施	企業は、自社の事業領域内又は直接供給者において、人権又は環境に関連する義務違反が既に生じているか又は差し迫っていることを発見した場合、当該違反を防止し、終了させ又はその程度を最小限に抑えるための適切な是正措置を遅滞なく講じなければなりません（同法7条）。
⑧ 苦情処理手続の構築	企業は、公平性や利用可能性等に配慮した適切な苦情処理手続の構築を確保する必要があります（同法8条）。
⑨ 間接供給者に掛かるリスクに関連するデュー・ディリジェンス義務の実施	企業は、間接供給者による人権又は環境に関連する義務違反について実際に指摘を受け具体的な知見（substantiated knowledge）を持ち得た場合には、速やかに、リスク分析の実施、適切な防止措置の実施等の措置を講じる必要があります（同法9条3項）。また、企業は、苦情処理手続を構築するに当たっては、間接供給者の事業活動に起因する人権リスク又は環境関連リスク等の報告も可能にする形にしなければなりません（同法9条1項）。
⑩ 文書化及び報告	企業は、上記のデュー・ディリジェンス義務の履行について継続的に文書化し、これを7年間保管する必要があります（同法10条1項）。また企業は、前会計年度におけるデュー・ディリジェンス義務の履行状況に関する年次報告書を作成し、会計年度終了後4か月以内に監督官庁に報告し、かつウェブサイト上で7年間にわたり公開する必要があります（同法10条2項）。

　上記のデュー・ディリジェンス義務に従って実施すべき具体的な内容を決定するに際しては、企業の事業活動の性質及び範囲、人権侵害リスク又は環境関連リスク等に対して直接責任を

負うべき当事者に対する影響力、侵害の深刻性、可逆性及び侵害発生の蓋然性、並びに企業の人権侵害リスク又は環境関連リスク等に対する寄与の性質が考慮されます（同法３条２項）。

　また、ドイツサプライチェーンDD法は、企業に対して、前会計年度におけるデュー・ディリジェンス義務の履行状況に関する年次報告書を作成し、会計年度終了後４か月以内にウェブサイト上で７年間にわたり無料で公開すべきとしています（同法10条２項）。さらに、企業は、会計年度終了後４か月以内に監督官庁である連邦経済輸出管理庁（Federal Office for Economic Affairs and Export Control）に対して、当該年次報告書を提出することとされています（同法12条）。

　当該年次報告書には、少なくとも以下の事項を、理解しやすい方法で記載する必要があります（同法10条２項）。

① 　企業が人権侵害リスク及び環境関連リスク、又は人権又は環境関連の義務違反を特定したか否か、また仮に特定した場合にはその内容

② 　ドイツサプライチェーンDD法に基づく義務を遵守するために企業が実施した内容（ポリシーステートメントの内容や苦情に対する対応措置等を含む）

③ 　対応措置の影響及び効果に関する企業の評価

④ 　評価結果から導かれる将来の対応措置に関する結論

　（もっとも、企業が人権侵害リスク及び環境関連リスク、又は人権若しくは環境関連の義務違反を特定しておらず、報告書でその点について十分な説明をしている場合には、上記②ないし④に基づく詳細な説明までは必要ありません）

Q84
Question
違反すると何が起きますか。刑事罰・行政罰・民事責任のそれぞれについて教えてください。(ドイツ)

A
Answer
　ドイツサプライチェーンDD法に基づくデュー・ディリジェンス義務を企業が履行していない場合、連邦経済輸出管理庁より、(定期的に課される)履行強制金として、最大5万ユーロの罰金を科される可能性があります(同法23条)。加えて、企業が故意又は過失により義務違反をした場合、違反行為の内容やその重要性等に鑑みて、企業は最大で80万ユーロの過料を科される可能性がありますが、平均年間売上高が4億ユーロを超える大企業の場合には、過料の上限が上がり、過去3年間の全世界の売上高を基準として、最大で平均年間売上高の2%の金額の過料が科されることになります(同法24条)。

　また、上記過料の金額が17万5,000ユーロ以上になった場合には、その重要性等を考慮して、当該企業は公共入札手続への参加から除外される可能性もあります(同法22条)。

　ドイツサプライチェーンDD法においては、義務違反を犯した企業に対する刑事罰は定められていません。また、ドイツ人権法上、同法に基づくデュー・ディリジェンス義務違反は企業の民事責任を生じさせないとされています(同法3条3項)。この規定は、企業が一般的な不法行為責任(又は外国法に基づく民事上の責任)を負担することを否定する趣旨ではないものと解されています。

　なお、ドイツサプライチェーンDD法が保護する権利を侵害

されたと主張する者は、国内の労働組合又はNGOに対して、特別な（民事）訴訟追行権限を付与することができるとされています。これは、権利を侵害された個人の代わりに労働組合やNGOに原告適格を付与するいわゆる団体訴訟制度の利用を認めるものです（同法11条）。団体訴権の付与が認められるには、労働組合又はNGOがドイツ国内に恒久的な拠点を有すること、商業的な活動に従事していないこと、人権等の実現に向けた活動が一時的なものにとどまらないことといった要件を満たす必要があります。

Q85
Question 諸外国の法令と比べてどのような特色がありますか。（ドイツ）

Answer ドイツサプライチェーンDD法は、環境保護に関する義務が盛り込まれているという特徴を有しています。すなわち、ドイツサプライチェーンDD法は、深刻な環境汚染が往々にして人権侵害を伴うという認識から、5種類の環境汚染ないし環境被害（土壌汚染、水質汚染、大気汚染、騒音及び過剰な水消費）を人権侵害リスクの一つの類型としています。加えて、ドイツが批准している環境保護に関連する条約（水銀に関する水俣条約、残留性有機汚染物質に関するストックホルム条約、及び有害廃棄物の国境を越える移動及びその処分の規制に関するバーゼル条約）において禁止されている項目も、同法の保護対象に含まれています。これらの内容は、少なくとも間接的には、人権の一部であ

る健康の保護に役立つものです。気候変動や生物多様性などの環境問題は、ドイツサプライチェーンDD法の対象には含まれていません。

　また、立法過程における議論の結果、ドイツサプライチェーンDD法に違反したことを理由として、企業は民事上の責任を負わないことが法文上明記されています（同法3条3項）。もっとも、前記のとおり、これは企業が一般的な不法行為責任（又は外国法に基づく民事上の責任）を負担することを否定する趣旨ではないものと解されています（Q72）。

Q86

Question 人権DDに関連する法令は存在しますか。
何年から施行されていますか。（フランス）

A
Answer　フランスにおいては、親会社及び発注会社における注意義務
に関する法律（No. 2017−399 of 27 March 2017, the duty of
vigilance of parent companies and contracting companies。以
下「フランス注意義務法」といいます）が、2017年2月21日に
国民議会において可決され、2017年3月28日付けで施行され
ています。

　フランス注意義務法は、大企業に対して、人権侵害や環境被
害を防止するための注意義務計画（vigilance plan）の作成、実
施及び公表を義務付け、またそのような義務違反により生じた
損害について民事上の責任追及を認めるものです。施行当時
は、人権DDについてソフトローからハードローへの転換を
図っており、画期的な内容であると評価されていました。

Q87

Question 対象企業の範囲はどのように定められてい
ますか。（フランス）

A
Answer　フランス注意義務法は、以下のいずれかの要件を2期連続で
満たす企業に対して適用されます（仏商法L225−102−4条）。

① 自社及び本店所在地がフランス領土内にある直接・間接子
会社の雇用者数が5,000人以上である場合

② 自社及び本店所在地がフランス領土内若しくは海外にある
直接・間接子会社の雇用者数が１万人以上である場合

上記の従業員数の算定は、仏労働法L1111－１条から1111－
３条の定義によるものと解されています。この方法によれば、
有期雇用従業員や臨時従業員も（休暇中ないし停職中の従業員を
代替するものではない限り）計算に含まれます。

上記要件に係る計算は実務上複雑であり、また、上記要件を
満たす企業のオフィシャルリストも公開されていません。その
ため、特定の会社が上記要件を満たすかの判断は、実際には必
ずしも容易ではありません。

外国企業がフランス国内に子会社を有し、当該フランス企業
が上記記載の要件を満たす場合には、当該フランス子会社に対
して適用されるものと解されます。すなわち、フランス子会社
及びその直接・間接子会社の有するフランス国内の従業員が
5,000人以上であるか、又は（フランス子会社以下の）全世界
の従業員が１万人以上である場合には、当該フランス子会社が
同法の適用対象になるものと考えられます。

Q88
Question どのような内容の人権を対象としているの
ですか。（フランス）

A
Answer フランス注意義務法上個別の人権のリストはありませんが、
人権及び基本的自由がその保護の対象とされており、また、同
様に環境に関するリスク、及び労働安全衛生に関するリスクも
保護対象とされています（仏商法L225-102-4条）。

Q89
Question 法律の適用範囲はサプライチェーン全体に
及びますか。（フランス）

A
Answer フランス注意義務法は、企業に対して、自社及び支配権を有
する企業の事業から生じる人権侵害や環境被害等にとどまら
ず、当該企業が確立したビジネス上の関係（established commercial relationship）を維持している下請業者（subcontractors）又はサプライヤー（suppliers）の事業から直接又は間接
に生じる人権侵害等のリスクに関する注意義務計画を策定する
よう義務付けています（仏商法L225-102-4条）。この規定か
ら、フランス注意義務法は企業のサプライチェーン上のリスク
を幅広くその対象としていると解されます。

　フランス法上、「確立したビジネス上の関係（established
commercial relationship)」とは、契約の有無にかかわらず、
一定のボリュームの取引を伴う、安定した継続的な関係であっ

て、そのような関係が継続することについて合理的な期待を生じさせるものであって、製品の売買、サービスの提供、専門家との関係等のあらゆる種類の関係を含むものと解されています（仏商法L442－6－1条等）。

Q90 企業は何をする義務を負うのですか。（フランス）

フランス注意義務法は、適用対象となる企業に対して、当該企業及び支配権を有する企業の事業から直接又は間接に生じる深刻な人権侵害、肉体的な損傷、環境被害、又は健康リスクのみならず、当該企業が確立したビジネス上の関係を維持している下請業者（subcontractors）又はサプライヤー（suppliers）の事業から直接又は間接に生じる人権侵害等のリスクを特定しかつ防止するために合理的な措置を含んだ注意義務計画（vigilance plan）を策定すべきとしています。その上で、この注意義務計画を、その実行状況に関するレポートと合わせて公開し、当該企業の年次報告書に盛り込むべきとしています（仏商法L225－102－4条）。

この注意義務計画には、以下の項目を含む必要があります。

① リスクを特定し、分析し、評価するリスクマッピング
② 子会社、又は確立したビジネス上の関係を維持している下請業者及びサプライヤーの状況について定期的に評価する手続
③ 深刻な侵害を軽減し、防止するための適切な措置

④ 労働組合との建設的な関係の中で確立された、既存又は実際のリスクに関する報告を収集する警報（苦情処理）メカニズム
⑤ 実施された措置をフォローアップし、その効率性を評価するモニタリング制度

　上記に加えて、500名超の従業員を有し、一定以上の売上規模等を有する上場会社等については、非財務情報の開示が義務付けられており（仏商法L225−102−1条）、マネージングレポートの中にフランス注意義務法の遵守状況等の情報を盛り込み、無料でアクセス可能な企業のウェブサイト上で公開すべきとされています。

Q91
Question

違反すると何が起きますか。刑事罰・行政罰・民事責任のそれぞれについて教えてください。（フランス）

A
Answer
　フランス注意義務法に基づく注意義務計画の策定、実施、公表義務を企業が履行していない場合、義務遵守を求める通知の受領後3か月以内に遵守しないと、利害関係人の申立てに基づき、管轄裁判所より当該企業に対して遵守命令が出される可能性があります。また、この場合、裁判所より罰金として履行強制金を科される可能性があります（仏商法L225−102−4条）。上記の審理に際して、裁判所は、申立てを受けた企業の注意義務計画が十分か、またフランス注意義務法上の義務を適切に遵守しているか等について判断します。

上記に加えて、フランス注意義務法に基づく義務の履行を怠った結果、義務を遵守していれば避けることができた損害が生じた場合には、企業は当該損害を補償すべき責任を負わなければならず、利害関係人は管轄裁判所に対して、損害賠償請求を求める民事訴訟を提起することができる旨定められています（仏商法L225－102－5条）。裁判所は当該決定（又はその要旨）を公表ないし拡散することができ、その費用は有責当事者が負担する必要があります。

フランス注意義務法に刑事上の罰則は特段定められていません。

なお、国民議会で可決された法律には、違反行為に対する1,000万ユーロから3,000万ユーロまでの罰則を定める規定がありましたが、憲法評議会による合憲性審査の結果、定義上曖昧であることを理由に憲法違反として当該罰則規定は削除されています。

フランス注意義務法の施行以降、同法に定める義務違反を根拠にフランスの企業がNGOに提訴された事例が幾つか存在しています。

代表的な事例としては、フランスの石油大手企業がアフリカのパイプライン建設プロジェクトに関連して、住民の生活への悪影響や生物多様性への影響が疑われるにもかかわらず、同社の注意義務計画に当該プロジェクトへの言及がないことを理由に提訴された事例や、フランスの小売企業が南米の農場で製造した食肉を販売したことに関連してアマゾンの森林破壊が生じたとして、フランス注意義務法に定める注意義務違反を理由に

提訴された事例等が存在しています。

Q92
Question 諸外国の法令と比べてどのような特色があ
りますか。(フランス)

A
Answer
　フランス注意義務法は、施行当時、人権DDに関する法的義
務を幅広く企業に課し、違反した場合のペナルティにも踏み込
んだものとして画期的な立法例と評価されていました。しか
し、その後、企業から公表された注意義務計画の多くが簡潔な
記述にとどまり、同法が求める内容を全て網羅している例は少
ない等、法律の拘束力が弱く、まだ十分に執行されていないと
いう批判もなされています。

　フランス政府による委託を受けて経済一般評議会が作成し、
2020年1月に公表されたフランス注意義務法の履行状況等に
関する評価報告書も、省庁の特定の課に同法に関する必要な情
報が集まっていないなど、フランス注意義務法に関して様々な
問題点を指摘しています。

146

第 5 米 国

Q93
Question
人権DDに関連する法令は存在しますか。
何年から施行されていますか。（米国）

A
Answer
　米国における人権DDに関する主な連邦法としては、1930年関税法307条と、ウイグル強制労働防止法が挙げられます。この他、米国連邦政府の調達規則は、連邦政府から委託を受けた一定の請負業者に対して、自社や下請業者が人身売買等の行為に及んでいないことを確保するためのコンプライアンス・プログラムの実施を求めています。また、州法として、カリフォルニア州サプライチェーン透明法が2012年に制定されています。

　以下では、代表的な法令である(a)1930年関税法307条、(b)ウイグル強制労働防止法、及び(c)カリフォルニア州サプライチェーン透明法について、それぞれ説明します。

(a)　1930年関税法307条

　1930年関税法307条（The Tariff Act of 1930（United States Code, Title 19, Chapter4§1307））は、米国外で全部又は一部が強制労働等により採掘、生産又は製造された産品の米国への輸入を禁止するものです。同法は、不当な労働慣行を行う外国産業が米国経済と労働者を蝕むことを防ぐために、世界恐慌の始まりの時期に策定されました。同法は1932年に施行されていますが、制定時には、商品が米国の消費的需要を満たすほど

大量に米国で生産されていない場合には、その産品を輸入規制の対象としてはならないとのただし書が合わせて置かれていました。その後、2016年に貿易円滑化・貿易是正法が制定されたことにより、1930年関税法307条のただし書は削除されました。その後は、同条を根拠とする米国への輸入品の差押え等が活発化しています。

⒝ **ウイグル強制労働防止法**

　ウイグル強制労働防止法（An Act To ensure that goods made with forced labor in the Xinjiang Uyghur Autonomous Region of the People's Republic of China do not enter the United States market, and for other purposes（Pub.L.117－78））は、中国の新疆ウイグル自治区で全部又は一部が採掘、生産又は製造された産品や、新疆ウイグル自治区の強制労働に関与する特定の者が製造する産品について、1930年関税法307条による輸入禁止の対象である産品であるとの推定規定を置くことにより、米国への輸入を原則として禁止するものです。ウイグル強制労働防止法の推定規定は、2022年6月21日以降に輸入される商品に適用されます。

　これらの産品について米国への輸入が認められるには、以下の要件を全て充足する必要があります。

① 米国国土安全保障省の公表する戦略に含まれる輸入者向けガイダンスを輸入者が遵守する。

② 対象産品が強制労働によって生産等されていないことを確認するための米国税関・国境警備局長官からの質問に、輸入者が完全かつ実質的に回答している。

③ 対象産品の全部又は一部が強制労働により生産等されていないことが、明白で説得的な証拠により示されている。

(c) カリフォルニア州サプライチェーン透明法

カリフォルニア州サプライチェーン透明法（The California Transparency in Supply Chains Act of 2010）は、カリフォルニア州で活動する一定の企業に対して、奴隷制と人身売買について検証を行っているか等の情報の開示を義務付けるものです。同法は、2012年1月1日に施行され、その後の英国における現代奴隷法の制定のモデルとなったとも言われており、サプライチェーンにおける人権問題への対処を促す法令のいわば先駆け的な存在であるといえます。

Q94
Question

対象企業の範囲はどのように定められていますか。（米国）

A
Answer
米国の(a)1930年関税法307条、(b)ウイグル強制労働防止法、及び(c)カリフォルニア州サプライチェーン透明法における対象企業の範囲は、それぞれ以下のとおりです。

(a) 1930年関税法307条

法令上、対象企業は限定されていません。米国に輸入される全ての産品について、米国外で全部又は一部が囚人労働、強制労働、年季奉公労働により採掘、生産又は製造されたと認められれば、米国への輸入が禁止されます。

⒝ **ウイグル強制労働防止法**

　法令上、対象企業は限定されていません。米国に輸入される全ての産品について、中国の新疆ウイグル自治区で全部又は一部が採掘、生産又は製造されたか、又は新疆ウイグル自治区における強制労働に関与しているとして米国政府により特定された者が生産等したと認められれば、ウイグル強制労働防止法の推定規定が適用され、Q93で上述した要件を充足したと認められない限り1930年関税法307条の対象となり、当該産品の米国への輸入が禁止されます。

　なお、米国政府は、新疆ウイグル自治区における強制労働に関与している者について、UFLPAエンティティリスト（https://www.dhs.gov/uflpa-entity-list）を公表しています。このリストに掲載されている事業者は、ウイグル強制労働防止法の推定規定の適用を直接受けるという点において、他の事業者とは異なる地位に置かれています。

⒞ **カリフォルニア州サプライチェーン透明法**

　対象企業は、以下の⒤ないし㈽の要件を全て満たす企業とされています（同法３条）。

⒤　小売業者又は製造業者である。

㈪　以下の（ⅱ－１）ないし（ⅱ－４）のいずれかを満たす。

　　（ⅱ－１）　カリフォルニア州で設立された、又は同州に営業上の住所がある。

　　（ⅱ－２）　カリフォルニア州での年間売上高が、当該企業の売上高の25％超または基準金額（2021年においては63万7,252ドル）超である。

（ⅱ－3） カリフォルニア州に所在する固定資産の額が、当該企業の固定資産の額の25％超又は基準金額（2021年においては6万3,726ドル）超である。

（ⅱ－4） カリフォルニア州で支払っている給与の額が、当該企業の給与総額の25％超又は基準金額（2021年においては6万3,726ドル）超である。

(ⅲ) 全世界での総受取額が年間1億米国ドル超である（なお、日本企業が米国に子会社を持ち、親会社ではなく米国子会社がカリフォルニア州でビジネスを行っている場合には、全世界での年間総受取額（gross receipts）は、米国子会社の単位で判断され、親会社と合算されるわけではありません）。

Q95 Question どのような内容の人権を対象としているのですか。（米国）

A Answer 米国の(a)1930年関税法307条、(b)ウイグル強制労働防止法、及び(c)カリフォルニア州サプライチェーン透明法が保護の対象にしている人権の範囲は、それぞれ以下のとおりです。

(a) 1930年関税法307条

1930年関税法307条は、囚人労働（convict labor）、強制労働（forced labor）及び年季奉公労働（indentured labor）を対象としています。このうち、強制労働とは、不履行に対する罰則の脅しの下で、労働者が自発的に申し出ない全ての仕事又は奉仕を意味するものとされています。また、強制労働と年季奉

公には、強制労働又は年季奉公に該当する児童労働を含むとされています（1930年関税法307条）。

　米国税関・国境警備局は、ここでいう強制労働とは「不履行に対して何らかの罰則を科す脅威の下で、労働者が自発的に提供しない全ての仕事又はサービス」をいうとしています。また、年季奉公とは、契約に従って行われる仕事又は奉仕であり、その強制が手続又は罰則によって達成されるものとしています。

　また、米国国土安全保障省が2021年7月に公表した報告書では、ここでいう「罰則を科す脅威」の例として、暴力、暴力の脅威、身体的監禁、債務の束縛、仕事からの離脱の事由がないこと、身分証明書が取り上げられること、仕事の領域で物理的又は言語的に隔離されること、賃金なしで働かされること、保護及び同意なしに同意したものとは異なる仕事やより危険な仕事又は異なる雇用主のために働くこと等が挙げられています（Forced Labor Enforcement Task Force: Establishing Timelines Implementing Section 742 of the United States-Mexico-Canada Agreement Implementation Act Report to Congress July 30 2021）。

　⒝　**ウイグル強制労働防止法**

　ウイグル強制労働防止法は、1930年関税法307条の特別規定ともいうべき性格を有しており、中国の新疆ウイグル自治区に関連する一定の産品について、強制労働等の人権への負の影響がないことを立証しない限り、1930年関税法307条に基づく輸入禁止の規定の適用を受けるとするものです。その意味

で、ウイグル強制労働防止法が対象としている人権への負の影響は、中国の新疆ウイグル自治区における囚人労働（convict labor）、強制労働（forced labor）及び年季奉公労働（indentured labor）であるといえます。

(c) **カリフォルニア州サプライチェーン透明法**

カリフォルニア州サプライチェーン透明法は、奴隷制（Slavery）及び人身売買（Human trafficking）を対象としており、カリフォルニア州で活動する一定の企業に対して、これらの人権への負の影響について検証を行っているか等の情報の開示を義務付けています。

Q96
Question　法律の適用範囲はサプライチェーン全体に及びますか。（米国）

米国の(a)1930年関税法307条、(b)ウイグル強制労働防止法、及び(c)カリフォルニア州サプライチェーン透明法において適用対象となるサプライチェーンの範囲は、それぞれ以下のとおりです。

(a) **1930年関税法307条**

1930年関税法307条は、全部又は一部を囚人労働、強制労働、年季奉公労働によって採掘、生産又は製造された全ての産品について、米国への輸入を禁止するものです。ここで、「全部又は一部」とされていることにも表れているように、輸入禁止の対象とならないようにするためには、その産品のサプライ

チェーンの全ての段階において強制労働等により生産等が行われているかについて、疑いを晴らすことができるようにしておく必要があります。その意味において、同法の対象は、商品の生産過程におけるサプライチェーンの全てに及ぶといえます。

⒝ ウイグル強制労働防止法

ウイグル強制労働防止法の対象は、1930年関税法307条と同様に、商品の生産過程におけるサプライチェーンの全てに及びます。

ウイグル強制労働防止法は、1930年関税法307条の特別規定ともいうべき性格を有しており、中国の新疆ウイグル自治区に関連する一定の産品について、その生産過程の全ての段階において強制労働等の人権への負の影響がないことを明確かつ説得力のある証拠により立証しない限り、1930年関税法307条に基づく輸入禁止の規定の適用を受けるとするものです。

また、米国税関・国境警備局は、ウイグル強制労働防止法に関するウェブサイトにおいて、輸入者は、サプライチェーンの全てのレベルにおいて、サプライヤーと労働力の供給源を知らなければならないと述べています。その上で、サプライチェーンの追跡を行う最初のステップは、輸入される商品又は材料の生産に使用される原材料の供給者に至るまで、及びそれを含むサプライチェーン全体を「マッピング」することであると述べています。これらの点から、ウイグル強制労働防止法の対象は、1930年関税法307条と同様に、商品の生産過程におけるサプライチェーンの全てに及ぶと考えられます。

(c) カリフォルニア州サプライチェーン透明法

カリフォルニア州サプライチェーン透明法は、同法の適用対象となる小売事業者又は製造業者に対して、販売のために提供される商品の直接的なサプライチェーンから奴隷制や人身売買を根絶するための努力について開示を求めています（同法3条(a)(1)）。この開示の内容のうちには、人身売買及び奴隷制のリスクを評価し、対処するために、製品のサプライチェーンの検証を行っているかや、その製品の原材料の製造等に当たり奴隷制や人身売買の問題がないことを検証するよう、直接の取引先に対して要求しているかも含まれています（同法3条(c)(1)(3)）。そのため、同法が求める情報開示の範囲は、直接取引をしているサプライヤー等における人権への負の影響には限られず、原材料の生産段階も含めて、商品のサプライチェーン全体に及ぶといえます。

Q97
Question   企業は何をする義務を負うのですか。(米国)

Answer   米国の(a)1930年関税法307条、(b)ウイグル強制労働防止法、及び(c)カリフォルニア州サプライチェーン透明法における企業の義務は、それぞれ以下のとおりです。

(a) 1930年関税法307条

1930年関税法307条は、全部又は一部を囚人労働、強制労働、年季奉公労働によって採掘、生産又は製造された全ての産品について、米国への輸入を禁止するものです。そのため、企

業は、米国へ産品を輸出する際には、当該産品が輸入禁止の対象とならないように、その産品の生産過程において強制労働等が行われていたとの疑いを掛けられた場合にはこれを晴らすことができるよう、自社のサプライチェーンにおいて強制労働等の問題がないことを確保するための体制をあらかじめ構築し、当該体制の内容や検証の手法・結果等を書面としてまとめておくことが推奨されます。

⒝ **ウイグル強制労働防止法**

ウイグル強制労働防止法は、1930年関税法307条の特別規定ともいうべき性格を有しており、中国の新疆ウイグル自治区に関連する一定の産品について、その生産過程の全ての段階において強制労働等の人権への負の影響がないことを立証しない限り、1930年関税法307条に基づく輸入禁止の規定の適用を受けるとするものです。そのため、企業は、米国へ産品を輸出する際には、当該産品がウイグル強制労働防止法に基づく輸入禁止の対象とならないように、その産品が中国の新疆ウイグル自治区に関連するものでないこと、又はその生産過程において強制労働等が行われていないことを立証できるようにしておくことが推奨されます。

米国税関・国境警備局は、ウイグル強制労働防止法に関するガイダンスの中で、輸入事業者が同法に基づき提供を求められ得る情報の例を挙げています。その中には、サプライチェーンのマッピングと強制労働リスクの評価、サプライヤー向け行動規範、研修など、人権DDの実施体制・プロセスに関する情報が含まれるとされています（U.S. CUSTOMS AND BORDER

PROTECTION OPERATIONAL GUIDANCE FOR IMPORTERS June 13, 2022）。

　なお、中国の新疆ウイグル自治区に関連する一定の産品であると判断された場合には、その生産過程の全ての段階において強制労働等の人権への負の影響がないことについて、明確かつ説得力のある証拠を示す必要があるとされています。この立証の水準は、中国の新疆ウイグル自治区に関連しないことを明らかにする上で企業に求められる水準よりも高いものであると考えられます。

⒞　カリフォルニア州サプライチェーン透明法

　カリフォルニア州サプライチェーン透明法は、対象となる事業者に対して、以下の各項目について、実施の有無及び実施内容の情報開示を義務付けています。

① 検証……企業が、人身売買及び奴隷制のリスクを評価し対処するために、製品のサプライチェーンの検証を行っているか否か。また、その検証を第三者が行っているか否か。

② 監査……企業がサプライヤーに対して監査を実施し、サプライチェーンにおける人身売買及び奴隷制に関する社内基準へのサプライヤーの遵守状況を評価しているか。その際、独立した抜き打ちの方法で監査が行われているか。

③ 認証……企業が、直接のサプライヤーに対し、製品に組み込まれる材料がビジネスを行う国又は国々の奴隷制と人身売買に関する法律を遵守していることを証明するよう求めているか。

④ 内部手続……企業が、奴隷制や人身売買に関する社内基準

を満たさない従業員や請負業者に対して適用される社内の説明責任基準や手続（コンプライアンス・プログラム）を整備しているか。

⑤　研修……企業が、サプライチェーン管理に直接責任を持つ従業員及び管理職に対し、人身売買や奴隷制、特に製品のサプライチェーン内のリスク軽減に関する研修を実施しているか。

Q98
Question　違反すると何が起きますか。刑事罰・行政罰・民事責任のそれぞれについて教えてください。（米国）

米国の(a)1930年関税法307条、(b)ウイグル強制労働防止法、及び(c)カリフォルニア州サプライチェーン透明法に違反した場合の効果は、それぞれ以下のとおりです。

(a)　1930年関税法307条

米国へ輸入しようとする産品が、その全部又は一部が囚人労働、強制労働、年季奉公労働によって採掘、生産又は製造されたと認められた場合には、当該産品の米国への輸入が禁止されます。

具体的には、米国税関・国境警備局は、1930年関税法307条にいう強制労働等により生産された産品が米国に輸入されている、又は輸入される可能性があるという申立て受領後に予備審査を行い、当該申立てに係る事実が存在することを合理的に示す情報がある場合に、これが決定的でなくとも、違反商品保

留命令（Withhold Release Order）を発します。この命令が発行された場合には、対象となる商品は留置され、輸入者は、留置された貨物を再輸出するか、その貨物が合衆国法典第19編1307条に違反していないことを証明する情報を米国税関・国境警備局に提出するかを選択することになります。その後、所見認定（Findings）が発行された場合には、対象となる貨物は、輸入者が十分な証拠によって商品が容認可能であることを証明しない限り、押収されます。

米国税関・国境警備局は、貿易に関する統計情報の報告の一環として、違反商品保留命令（Withhold Release Order）の発行数を公表しています。このデータによれば、近時の違反商品保留命令の発行件数と、これにより拘留された貨物の数は以下のとおりです。

	2018年	2019年	2020年	2021年	2022年上半期
強制労働に関連する違反商品保留命令	2	6	13	7	5
違反商品保留命令に関連して拘留された貨物の数	6	12	314	1,469	2,010

出所：https://www.cbp.gov/newsroom/stats/trade

(b) ウイグル強制労働防止法

米国へ輸入しようとする産品が、中国の新疆ウイグル自治区で全部又は一部が採掘、生産又は製造されたか、又は新疆ウイグル自治区の強制労働に関与する特定の者が製造したと認められた場合には、1930年関税法307条による輸入禁止の対象で

ある産品であると推定されます。そのため、企業は、輸入しようとする産品がこれらの要件に該当しないこと、又はその生産過程において強制労働等が行われていないことを立証できるようにしておくことが求められます。

　なお、中国の新疆ウイグル自治区に関連する一定の産品であると判断された場合には、その生産過程の全ての段階において強制労働等の人権への負の影響がないことについて、明確かつ説得力のある証拠を示す必要があるとされています。

　2022年9月のウォール・ストリート・ジャーナルによる、米国国土安全保障省次官 ロバート・シルバース氏へのインタビュー記事で、同次官は、同年6月に同法が施行されてから9月22日までの約3か月間において、既に1,452件、4億2,900万ドル相当の貨物を同法の対象にしていると述べています（Wall Street Journal, Forced Labor a 'Top-Tier' Compliance Issue, Says U.S. Official, September 27, 2022）。

　⒞　**カリフォルニア州サプライチェーン透明法**

　カリフォルニア州司法長官は、カリフォルニア州サプライチェーン透明法に違反した企業に対して、差止命令による救済を求める訴訟を提起できるとされています（同法3条⒟）。この救済手段は排他的なものとされており、罰則や罰金等の定めは設けられていません。

　カリフォルニア州サプライチェーン透明法が2012年に施行された後、2015年に、同州司法長官は、小売業者や製造業者に対して、同法に基づく開示を促すレターを送付しました。ただし、公表情報に基づく限り、その後に上述の差止命令による

救済を求める訴訟の提起等のエンフォースメントは行われていません。

　民事責任としては、2015年以降、カリフォルニア州サプライチェーン透明法に基づく開示が不十分であるとして、製造業者や小売業者に対するクラス・アクション訴訟が提起されました。しかし、裁判所は、カリフォルニア州サプライチェーン透明法に明示的に定められた事項以上の開示を求める原告の請求は認められないとして、その請求を退けました。

Q99
Question　諸外国の法令と比べてどのような特色がありますか。(米国)

A
Answer
　米国の(a)1930年関税法307条、(b)ウイグル強制労働防止法、及び(c)カリフォルニア州サプライチェーン透明法の特徴は、それぞれ以下のとおりです。

(a)　1930年関税法307条

　1930年関税法307条は、人権問題へ対処する方法として輸入規制という通商規制を用いている点で特徴を有しています。同法は、制定当初は、不当な労働慣行を行う外国産業が米国経済と労働者を蝕むことを防ぐことを目的としていました。そのため、米国における需要を満たすだけの量が米国内で生産されていない場合には、その産品を輸入規制の対象としてはならないとのただし書が置かれていました。2016年に貿易円滑化・貿易是正法が制定されこのただし書が削除されたことに伴い、

同法の執行は活発化しています。

(b) ウイグル強制労働防止法

　ウイグル強制労働防止法は、1930年関税法307条の特則であり、同法と同様に人権問題へ対処する方法として輸入規制という通商規制を用いている点で特徴を有しています。また、新疆ウイグル地区という特定の地域における人権問題を対象としている点でも特徴を有しています。

(c) カリフォルニア州サプライチェーン透明法

　カリフォルニア州サプライチェーン透明法は、2012年に策定され、その後の英国における現代奴隷法の制定のモデルとなったとも言われており、サプライチェーンにおける人権問題への対処を企業に促す法令のいわば先駆け的な存在であると言われています。他方で、違反に対する制裁は、カリフォルニア州司法長官による差止命令による救済を求める訴訟に限られており、そのエンフォースメントは必ずしも十分ではないとも指摘されています。

KINZAI バリュー叢書 L

Q&A 人権DD

2023年3月31日　第1刷発行

編著者	浜　田　　　宰	
	定　金　史　朗	
発行者	加　藤　一　浩	

〒160-8520　東京都新宿区南元町19
発　行　所　一般社団法人 金融財政事情研究会
企画・制作・販売　株式会社きんざい
編　集　室　TEL 03(3355)1721　FAX 03(3355)3763
販売受付　TEL 03(3358)2891　FAX 03(3358)0037
URL https://www.kinzai.jp/

DTP・校正：株式会社友人社／印刷：文昌堂印刷株式会社

ISBN978-4-322-14342-3

創刊の辞

2011年3月、「KINZAIバリュー叢書」は創刊された。ワンテーマ・ワンブックスにこだわり、実務書より読みやすいが新書ほど軽くないをコンセプトに、現代をわかりやすく切り取り、かゆいところに手が届く、丁度いい「知識サイズ」に仕立てた。

ニュース解説に留まらず物事を「深掘り」した結果、バリュー叢書は好評を博し、間もなく第一作の「矜持あるひとびと」から数えて刊行100冊を迎える。読者諸氏のご愛顧の賜物である。

バリュー叢書に通底する理念は不易流行である。「金融」「経営」などのあらゆるジャンルに果敢に挑戦しながら、「不易」—変わらないもの—と「流行」—変わるもの—とをバランスよく世に問うことである。本叢書シリーズは決して色褪せない。それはすなわち、斯界の第一線実務家や研究者が現代を切り取り、コンパクトにまとめ、時代時代の先進的なテーマを鮮やかに一冊に落とし込んでいるからだ。次代に語り継ぐべき大切な「教養」や「斬新な視点」、「魅力溢れる人間力」が手本なき未来をさまようビジネスパーソンの羅針盤になっているものと確信している。

2022年12月、新たに「Legal」を加え、12年振りに「バリュー叢書L」を創刊する。不易流行は変わらずに、いま気になることがすぐにわかる内容となっている。第一線実務家や研究者はもとより、立案担当者や制度設計に携わったプロ達も執筆陣に迎えている。

新シリーズもまた、混迷の時代、先が見通せないと悩みながら「いま」を生き抜くビジネスパーソンの羅針盤であり続けたい。

加藤　一浩